感谢"福建省高校特色新型智库：创新与知识产权研究中心"和"厦门大学'双一流'学科建设"基金的支持

中外知识产权评论

Chinese and International Intellectual Property Review

2024年·总第7卷

主 编 林秀芹

主办单位：
厦门大学知识产权研究院
国家知识产权战略实施（厦门大学）研究基地
国家知识产权培训（福建）基地
世界知识产权组织在华技术与创新支持中心（TISC）

厦门大学出版社　国家一级出版社
XIAMEN UNIVERSITY PRESS　全国百佳图书出版单位

图书在版编目（CIP）数据

中外知识产权评论. 2024 年 : 总第 7 卷 / 林秀芹主编. -- 厦门 : 厦门大学出版社，2024. 11. -- ISBN 978-7-5615-9541-1

Ⅰ. D913.04-53

中国国家版本馆 CIP 数据核字第 20248AJ974 号

责任编辑　李　宁
美术编辑　蒋卓群
技术编辑　许克华

出版发行　厦门大学出版社
社　　址　厦门市软件园二期望海路 39 号
邮政编码　361008
总　　机　0592-2181111　0592-2181406(传真)
营销中心　0592-2184458　0592-2181365
网　　址　http://www.xmupress.com
邮　　箱　xmup@xmupress.com
印　　刷　厦门市明亮彩印有限公司

开本　787 mm×1 092 mm　1/16
印张　7.75
插页　2
字数　168 千字
版次　2024 年 11 月第 1 版
印次　2024 年 11 月第 1 次印刷
定价　65.00 元

厦门大学出版社
微信二维码

厦门大学出版社
微博二维码

本书如有印装质量问题请直接寄承印厂调换

顾问（排名不分先后）：

刘春田　刘江彬　Reto Hilty

编辑委员会

主　任：林秀芹

委员（排名不分先后）：

张　勤　丁丽瑛　刘晓海　Peter Yu　卢文祥

执行编辑：李　晶

本期编辑：

张靖辰　王陈炜铭　凌晓苏

目　　录

◇ **名家视角**

使用他人作品元素的反不正当竞争规制之反思⋯⋯⋯⋯⋯⋯⋯⋯陈锦川(1)
符合作品特征的其他智力成果：电子游戏作品著作权的
　　本源思考⋯⋯⋯⋯⋯⋯⋯⋯⋯⋯⋯⋯⋯⋯⋯邓丹云　戴瑾茹(14)

◇ **实务争鸣**

面向专利信息检索的技术创新
　　——基于专利情报分析的视角⋯⋯⋯⋯邱洪华　边煜东　万浩盛(31)
区块链电子存证司法适用的现实困境与完善路径
　　——基于463份判决书的实证分析⋯⋯⋯⋯⋯⋯孟奇勋　刘宇腾(45)

◇ **热点追踪**

商标侵权认定中商品及服务相同、近似的判断
　　——以旺仔维权案为例⋯⋯⋯⋯⋯⋯⋯⋯⋯⋯⋯⋯⋯胡雨洁(58)
试论知识产权司法保护专业化体系建设的完善与提升
　　——基于F省相关司法实践的思考⋯⋯⋯⋯⋯⋯⋯⋯⋯曹慧敏(65)
基于SWOT定量—定性决策模型的国际专利审查合作机制
　　选择研究⋯⋯⋯⋯⋯⋯⋯⋯⋯⋯⋯⋯⋯⋯⋯⋯⋯⋯周　璐(75)
知识产权法学与管理深度融合教学探索：教学案例及优化策略⋯黄国群(89)
专利授权标准提高对高校专利转化的影响机制研究
　　——基于2008年《专利法》第三次修订⋯⋯⋯⋯曹兆铿　洪韵蕾(100)
综艺节目模式引进中的"版权"误区及应对⋯⋯⋯⋯张军荣　张苡萑(111)

◇ **附录**

《中外知识产权评论》格式规范⋯⋯⋯⋯⋯⋯⋯⋯⋯⋯⋯⋯⋯⋯(118)

Contents

◇ **Opinions of Famous People**

Reflection on Anti-unfair Competition Regulation Using Elements of
　　Others' Works ………………………………………………… Chen Jinchuan(1)
Other Intellectual Achievements in Line with the Characteristics of the Work:
　　the Origin of Copyright in Electronic Game Works … Deng Danyun　Dai Jinru(14)

◇ **Practical Experience**

A Study on the Technological Innovation for Patent Information Retrieval from the Perspective
　　of Patent Information Analysis … Qiu Honghua　Bian Yudong　Wan Haosheng(31)
The Practical Dilemma and Improvement Path of Judicial Application of Blockchain
　　Electronic Storage:Empirical Analysis Based
　　on 463 Judgments …………………………… Meng Qixun　Liu Yuteng(45)

◇ **Hot Spot**

The Judgment of Identical and Similar Goods and Services in the Determination of
　　Trademark Infringement:Taking the Case of Wangzai Rights Protection
　　as an Example ……………………………………………………… Hu Yujie(58)
On the Perfection and Promotion of the Specialized System of Intellectual
　　Property Judicial Protection:Based on F Province Intellectual Property
　　Court Research Thinking ………………………………………… Cao Huimin(65)
Research on the Selection of International Patent Examination Cooperation Mechanism
　　Based on SWOT Quantitative-Qualitative Decision Model ………… Zhou Lu(75)
Teaching Exploration of the Deep Integration of Intellectual Property Law and
　　Management:Teaching Cases and Optimization Strategies …… Huang Guoqun(89)
Research on the Influence Mechanism of the Improvement of Patent Licensing
　　Standards on Patent Conversion in Universities:Based on the Third Revision of
　　the Patent Law in 2008 ………………………… Cao zhaokeng　Hong Yunlei(100)
Copyright Doubts in the Introduction of
　　Variety Show Mode …………………………… Zhang Junrong　Zhang Yihuan(111)

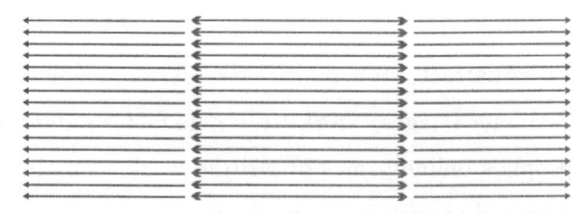

使用他人作品元素的反不正当竞争规制之反思

■ 陈锦川[*]

摘　要：对因使用他人网络游戏或文字作品中的游戏规则、标识、角色形象、作品名称、人物名称等相关元素再行开发、创作是否构成不正当竞争，应放到各个知识产权法甚至整个法律体系中认识。著作权法不保护思想，是为了确保思想的自由传播；知识产权法的平衡原则表现为著作权、专利权等的保护与限制。基于对著作权的限制，在法律规定的条件下，他人可以自由使用创作者的作品。未纳入著作权的客体，则成为公共知识产品，进入公共领域。是否混淆是基于商业标识产生的权利（权益）的边界，在此边界之外则属于自由模仿和自由竞争的范畴。创造性是知识产品取得法律保护的条件，并非所有基于劳动、投资等产生的智力成果都应给予保护。法律对商品化权没有明确规定，司法实践中，对作品名称、作品中的角色名称等的法律保护需要具备一定的条件。现行做法不适当地扩大了反不正当竞争法的调整范围，变相地把反不正当竞争法变成专有权保护法，可能改变反不正当竞争法的行为法性质。

关键词：作品元素；思想自由；自由模仿和自由竞争；商业标识与智力成果的保护条件

---

[*] 陈锦川，北京知识产权法院、北京市高级人民法院原审判员。

Reflection on Anti-unfair Competition Regulation Using Elements of Others' Works

Chen Jinchuan

Abstract: Whether the re-development and creation of game rules, logos, character images, work titles, character names and other related elements in other people's online games or written works constitute unfair competition should be understood in each intellectual property law or even the entire legal system. Copyright law does not protect ideas; it ensures the free circulation of ideas. The balance principle of intellectual property law is embodied in the protection and restriction of copyright, patent right, etc. Based on the restrictions on copyright, others can freely use the creator's work under the conditions stipulated by law. The objects not included in copyright become public knowledge products and enter the public domain. Whether to confuse is based on the boundary of the rights (interests) generated by commercial marks, outside this boundary belongs to the scope of free imitation and free competition. Creativity is the condition for intellectual products to obtain legal protection, not all intellectual achievements based on labor, investment, etc., should be protected. The law has no clear provisions on the commercialization right, and in judicial practice, the legal protection of the name of the work and the name of the character in the work needs to meet certain conditions. The current practice improperly expands the scope of adjustment of the anti-unfair competition law, turns the anti-unfair competition law into an exclusive right protection law in disguise, and may change the behavioral law nature of the anti-unfair competition law.

Key Words: work elements; freedom of thought; fee imitation and free competition; protection conditions for commercial logos and intellectual achievements

引 言

近年来,随着文化市场竞争越发白热化,使用他人网络游戏或文字作品中的相关元素再行开发、创作的现象越来越多,由此引发纠纷并诉诸诉讼的亦逐年增加。此类诉讼除了可能涉及著作权问题外,当事人多主张被诉侵权人的行为构成不正当竞争。不少案件中,法院也适用《反不正当竞争法》第 2 条认定使用他人作品元素的行为是不正当竞争行为。

在《炉石传说:魔兽英雄传》与《卧龙传说:三国名将传》案中,判决认为:"游戏规则尚不能获得著作权法的保护,并不表示这种智力创作成果法律不应给予保护……作为游戏产品的同行业竞争者,被诉侵权人使用了与权利人基本一致的游戏规则、游戏标识和界面等,通过不正当的整体抄袭手段,将权利人的智力成果占为己有,并以此为推广游戏的卖点,背离了平等、公平、诚信原则和公认的商业道德,超出了游戏行业竞争者之间正当的借鉴和模仿,具备了不正当竞争的性质,构成不正当竞争行为。"①

在《英雄联盟》与《最萌英雄》案中,判决认为,被诉侵权游戏《最萌英雄》使用了与《英雄联盟》游戏启动界面标识近似的标识,21个角色使用了与《英雄联盟》游戏相近似的角色形象,6个角色使用了与《英雄联盟》游戏相近似的角色名称,被告开发运营的《最萌英雄》的游戏启动界面标识、角色形象、角色名称系对《英雄联盟》游戏的模仿,违反了经营者应遵守的诚实信用原则和公认的商业道德,具有不正当性,违反了1993年《反不正当竞争法》第2条的规定,构成不正当竞争。②

在"金庸诉《此间的少年》同人小说案"中,法院在已经否定著作权保护的情况下,仍适用反不正当竞争法的一般条款认定被诉行为构成不正当竞争,"原告作品中的人物名称、人物关系等元素虽然不构成具有独创性的表达,不能作为著作权的客体进行保护,但并不意味着他人对上述元素可以自由、无偿、无限度地使用……原告作品元素在不受著作权法保护的情况下,在整体上仍可能受我国反不正当竞争法调整"。③

在《拳皇》与《数码大冒险》案中,一审法院认为,游戏规则设计创作过程中凝聚了大量劳动,属于一款游戏的核心要素。游戏规则的设计……体现了游戏开发者的思想和观念,虽然游戏规则设计的这一属性受制于著作权法"仅保护具体表达而不保护思想"的原则所限,但并不意味其无法获得其他法律规范的保护……被告在游戏规则设计上存在明显抄袭行为,这一行为无疑可以降低被告的游戏开发成本;在游戏规则相似的情况下,用户游戏体验差异也较小,可以很快适应两款游戏的玩法,一定程度上会削弱《拳皇》与游戏玩家的粘连性,造成玩家群体流失。被告开发运行《数码大冒险》游戏,有损原告的智力劳动成果,同时在游戏玩家中容易造成不良影响,导致原告的相关市场受损,违背了商业道德和诚实信用原则,显属"不劳而获"型的搭便车行为,构成对原告的不正当竞争。④

在"完美世界诉《武侠Q传》游戏案"中,一审判决认为被告游戏对金庸小说中人物、武功、阵法、场景设置等小说元素的使用"破坏了完美世界公司凭借涉案作品移动终端游戏软件改编权在移动终端游戏市场的竞争优势,抢占了本应属于完美世界公

---

① 上海市第一中级人民法院(2014)沪一中民五(知)初字22、23号民事判决书。
② 北京知识产权法院(2018)京73民终371号民事判决书。
③ 广州市天河区人民法院(2016)粤0106民初12068号民事判决书。
④ 上海市普陀区人民法院(2017)沪0107民初27752号民事判决书。

司的相关游戏市场",并且"破坏了明河社凭借涉案作品的改编权等著作权在版权许可市场的竞争优势,减少了其未来可预期的版权许可的收入",构成不正当竞争。该案一审法院还指出:"涉案作品中的相关元素成为一种具有商业价值的经济资源,本质上由作品的著作权人及其被许可人通过智力创作与资本投入所创造,其利益应归属于对商业价值的创造有贡献的主体。在市场经济条件下,商业使用他人具有商业价值的资源,应获得他人的许可并支付相应的成本,这是基本的商业道德。对商业价值的创造没有贡献的其他商业主体,未经权利人许可,不得使用。"①

基于上述案例,可以提出以下问题:在认定游戏规则属于思想不受著作权法保护后,可否因为使用了他人游戏的游戏规则而认定构成不正当竞争?仅仅使用他人游戏的游戏标识、界面、角色形象、角色名称但没有导致混淆误认可否适用反不正当竞争法?使用他人游戏或者文字作品中的人物名称、人物关系甚至武功、阵法、场景设置等元素,在不构成著作权侵权时是否可认定为不正当竞争行为?

对上述提出的诸多问题,在现行法律中可能无法找到直接明确具体的法律规定。要回答这些问题,也许有必要将上述问题放到各个知识产权法甚至整个法律体系中予以考虑。在解释法律的过程中,将各部法典中的关联内容结合起来,便能解析出立法者考虑到了,但尚未明确表达出来的制度,包括基本的原则。从相关法律规定及其原理的角度,可以反思将使用他人作品元素认定为不正当竞争的做法是否符合法理、是否恰当。

一、著作权法为什么不保护思想

著作权保护仅延及表达,不延及思想,是著作权法的一个基本原理。《与贸易有关的知识产权协定》第9条第2款规定,版权保护应延及表达,而不延及思想、工艺、操作方法或数学概念之类。我国著作权法对此没有明确规定,但理论界和实务界均普遍认同著作权保护不延及思想的原理。同时,我国《计算机软件保护条例》第6条针对计算机软件的著作权保护规定,本条例对软件著作权的保护不延及开发软件所用的思想、处理过程、操作方法或者数学概念等。这是著作权法不保护思想的体现。在司法实践中,思想不受著作权保护的例子并不鲜见。在"女子十二乐坊案"中,法院指出,本案的作品中涉及的演出模式包括创意和操作方法,总体上属于创意、构思或理念的范畴,不属于著作权法规定的作品的范畴。② 在"泡泡堂与QQ堂案"中,法院认为,游戏画面中的"以笑表示获胜、哭表示失败"属于思想的

---

① 北京市第一中级人民法院(2014)一中民初字第5146号民事判决书、北京市高级人民法院(2018)京民终226号民事判决书。
② 北京市第二中级人民法院(2005)二中民终字47号民事判决书。

范畴,只要原、被告双方的表述方式不同,即不视为著作权方面的侵权。关于综艺节目模式是否受《著作权法》的保护,《北京市高级人民法院关于审理涉及综艺节目著作权纠纷案件若干问题的解答》的意见是,综艺节目模式是综艺节目创意、流程、规则、技术规定、主持风格等多种元素的综合体。综艺节目模式属于思想的,不受《著作权法》的保护。

那么为什么著作权法不保护思想呢?著作权实质上是一种垄断权,保护思想就意味着垄断了思想。而思想不应被禁锢而是应该确保自由传播,这样社会才能持续健康发展,因此民主社会对思想自由极端珍视,公共政策要求著作权法允许人们自由使用他人作品中所蕴含的思想,以创作出更多的在表达上具有独创性的作品,繁荣文化艺术、引导社会发展。在"电影《后来的我们》著作权侵权及不正当竞争案"中,判决写道,著作权法之所以不保护思想,系考虑到著作权法保护思想自由表达、鼓励创作的宗旨,任何属于思想层面的内容均不应被垄断而禁锢后来者的创作空间,任何人均有权自由使用或借鉴前人思想独立创作新的作品,只要其表达系独创性即可。该段论述深刻揭示了著作权法不保护思想的根本原因,该判决揭示了著作权法不保护思想的深层原因。

由此,在游戏规则属于思想范畴的情况下,如果又通过反不正当竞争法以反不正当竞争之名禁止他人使用作为思想的游戏规则,这种做法是否与著作权法允许甚至鼓励人们自由使用他人作品中蕴含的思想的基本精神相冲突呢?或者说违背了著作权法的"初心和使命"呢?

当然,需要说明的是,思想包括思路、观念、构思、创意、概念、原理等,广义的思想还包括程序、工艺流程、系统、操作方法、技术原理或者科学发现等,其中包含的技术方案等有得到专利法、反不正当竞争法(商业秘密法)保护的可能,但技术方案等是否可以受到专利法、商业秘密法保护仍需看它们是否符合专利法、商业秘密法要求的条件。

二、著作权法为什么强调利益平衡

利益平衡原则是著作权制度乃至知识产权制度自近代法到现代法的基本精神之一。《著作权法》第1条开宗明义,为保护文学、艺术和科学作品作者的著作权,以及与著作权有关的权益,鼓励有益于社会主义精神文明、物质文明建设的作品的创作和传播,促进社会主义文化和科学事业的发展与繁荣,根据宪法制定本法。因此,著作权法的价值目标除了有保护创作者权利,还鼓励作品的创作与传播、促进文化科学事业的发展与繁荣。

---

① 北京市第一中级人民法院(2006)一中民初字8564号民事判决书。

人类知识产品不可避免地建立在前人积累的劳动成果的基础上，哪怕是独一无二的、开创性的知识产品。因此，知识产品既是创造者的个人财富，同时又是社会财富的一部分。"换言之，知识财产只是在一定条件下、一定范围内才作为独占权利为个人所享有，受到法律限制的利益则是整个社会的共同财富。"①为此，知识产权制度必须保证创造者的知识产权得到保护，同时还要保证这种权利应该促进而不是约束社会公众参与文化生活和分享科学进步的利益。落实到具体制度层面，在相关著作权等知识产权立法中即表现为著作权、专利权等的保护与限制。

对著作权的限制，在著作权法中，包括合理使用、法定许可、权利的保护期限等制度。基于以上制度，在法律规定的条件下，他人可以自由使用创作者的作品。

著作权制度中还有一个重要的原则，即保留公共领域原则。该原则"本质上是著作权法之利益平衡这一根本性的原则和理念的要求"。②"公共领域的出现，使得知识、技术、信息分为专有知识产品与公共知识产品两大部分。后者包括不受知识产权保护而由公众自由使用的知识产品和因知识产权保护期满而进入公共领域的知识产品。"③具体到著作权法中的公共领域，则指的是不存在著作权保护、可以自由利用的信息，如未被纳入著作权的客体或对象、著作权期限届满以及著作权放弃等内容，还包括基于合理使用等对作品的自由使用。

从以上的分析可以看出，著作权赋予了作者对其符合法律规定的作品一定的垄断权，但其权利是有范围、有边界、有期限的，在权利范围之外则允许他人自由使用；对于未纳入著作权的客体，则成为公共知识产品，进入公共领域。

因此，我们可以思考，对不构成作品的作品元素，如角色形象、角色名称、人物名称、人物关系、小说人物、武功、阵法、场景设置等，在著作权法排除出了保护范围且已属于公共领域范畴又没有特殊理由的情况下，又通过反不正当竞争法给予保护，似乎不大符合法理。著作权法对具备一定条件作品给予保护又是有限度的，在一定情况下允许他人自由使用，但目前司法实践中对不构成作品的元素所给予的保护似乎没有考虑到其权利范围、权利期限，保护力度比著作权保护力度更高，这同样是不合逻辑难以令人接受的。

三、商业标志的排他边界在哪里

从上述案例中可以发现，有的案件中，法院以被诉侵权人使用他人游戏标识和游戏界面系对他人游戏的模仿为由判定构成不正当竞争。这种判断的对与否涉及对商

---

① 吴汉东等：《知识产权基本问题研究》，中国人民大学出版社2005年版，第12页。
② 冯晓青：《捍卫公共领域：游戏作品著作权保护合法边界的重要原则》，https://mp.weixin.qq.com/S/TUdEfrallGgdlrHc78lhu，下载日期：2023年12月23日。
③ 吴汉东等：《知识产权基本问题研究》，中国人民大学出版社2005年版，第82页。

业标识应当如何保护问题,准确地说就是商业标识的排他边界应该在哪里。

现行法律中,调整商业标识的法律规范主要是商标法和反不正当竞争法。

我国商标法以注册商标的专用权为保护对象。《商标法》第56条规定:"注册商标的专用权,以核准注册的商标和核定使用的商品为限。""以核准注册的商标和核定使用的商品为限"是区别和判断侵权与否的一条重要界限。同时,商标是用来区别商品来源的标志,防止混淆是商标保护的基本出发点。《与贸易有关的知识产权协定》第16条明确规定,注册商标的所有人应当具有阻却所有未经商标所有人同意的第三人在商业活动中在与注册商标所指定使用的商品或服务相同或类似的商品或服务上使用相同或近似标识(signs)的独占权,如果该使用具有容易导致混淆的可能性。我国《商标法》第57条第1项、第2项规定:"有下列行为之一的,均属侵犯注册商标专用权:(一)未经商标注册人的许可,在同一种商品上使用与其注册商标相同的商标的;(二)未经商标注册人的许可,在同一种商品上使用与其注册商标近似的商标,或者在类似商品上使用与其注册商标相同或者近似的商标,容易导致混淆的。"第1项虽未直接提到混淆,但法理上认为,在同一种商品上使用与其注册商标相同的商标的,就可以直接推定已造成混淆。可见,商标保护的立足点是制止混淆。

《反不正当竞争法》以第6条用于专门规制"仿冒混淆"的不正当竞争行为。该法第6条规定:"经营者不得实施下列混淆行为,引人误认为是他人商品或者与他人存在特定联系:(1)擅自使用与他人有一定影响的商品名称、包装、装潢等相同或者近似的标识;(2)擅自使用他人有一定影响的企业名称(包括简称、字号等)、社会组织名称(包括简称等)、姓名(包括笔名、艺名、译名等);(3)擅自使用他人有一定影响的域名主体部分、网站名称、网页等;(4)其他足以引人误认为是他人商品或者与他人存在特定联系的混淆行为。"而所谓的"引人误认为是他人商品或者与他人存在特定联系",包括误认为与他人具有商业联合、许可使用、商业冠名、广告代言等特定联系。可见,反不正当竞争法对商业标识的保护虽不以注册为条件,但与商标法关于商业标识保护的本质是相通的,即通过发挥商业标识识别来源的作用,避免可能的市场混淆。①可见,只有达到混淆程度的市场行为才纳入反不正当竞争法的范围。

作为专门保护商业标识的法律,不论是商标法还是反不正当竞争法,都把制止混淆为其立法目标。换句话说,混淆是构成侵害注册商标权或者构成不正当竞争行为的要件,没有达到混淆的程度的,则属于模仿自由和自由竞争的领域。

商业标识的范围很广,游戏标识、游戏界面、角色形象、角色名称等都可能构成商业标识,因而可能具有可保护的利益。但是,正如上述所提到的,商标法、反不正当竞争法等现行法律对商标等商业标识的保护以混淆为标准,因此,是否混淆是基于商业

---

① 林广海、李剑、佟姝:《〈关于适用反不正当竞争法若干问题的解释〉的理解与适用》,载《人民司法》2022年第31期。

标识产生的权利（权益）的边界，在此边界之外则属于自由模仿和自由竞争的范畴。在此情况下，仅仅因为使用作品中的游戏标识、游戏界面、角色形象、角色名称而不考虑是否导致混淆，即以反不正当竞争法第 2 条为依据认定为是一种不正当竞争行为，在法律调整的价值设定上就可能出现撕裂和相互抵触。

四、对所有的劳动、投资等付出产生的智力成果都要给予保护吗

上述判决之所以对作品元素给予保护，理由之一是这些作品元素是"创作者通过智力创作与资本投入所创造，其利益应归属于对商业价值的创造有贡献的主体"，而将权利人的智力成果占为己有，其行为就具备了不正当竞争的性质。"完美世界诉《武侠 Q 传》游戏案"的一审判决指出，在市场经济条件下，商业使用他人具有商业价值的资源，应获得他人的许可并支付相应的成本，这是基本的商业道德。对商业价值的创造没有贡献的其他商业主体，未经权利人许可，不得使用。该判决给出的理由具有一定的代表性，也有一定的典型性。

这种观点可以说是"劳动价值论"的体现。在劳动价值论看来，劳动是获得私人财产权的重要途径，劳动也使得人们获得私人财产权具有了合理性。因此，劳动归劳动者所有。引申到知识产权领域就是，知识产品是智力劳动的产物，智力劳动者对其知识产品享有财产权。应该说，"劳动价值论"正确解释了智力劳动对知识财产的本源性意义，为构建"知识劳动→知识产品→知识产权"的理论框架奠定了思想基础。①

但是"劳动价值论"无法对知识产权提供全面的唯一的正当性解释。比如众所周知，不符合创造性等专利授权条件的技术方案不能获得专利权；对于仅在说明书或者附图中描述而在权利要求中未记载的技术方案，被视为捐献给社会，不属于专利权的保护范围；商业秘密的保护要件之一是要采取保护措施，即使所谓的商业秘密是一个付出劳动投资产生的智力成果，如果不采取保护措施，那么同样不能得到商业秘密的保护；对作品或者作品的片段进行了汇编但不具有独创性的不构成作品、不受著作权保护。这些情况表明，法律并不是对所有的劳动、投资等付出产生的智力成果都给予保护。因为"创造性是知识产品取得法律保护的条件"，②专利权要求发明具有"非显而易见性"，著作权要求作品具有"独创性"，商标权则要求商标具有"可识别性"，不具备"创造性"的智力成果不能取得知识产权，不受法律保护，相反会进入公有领域，为公众自由使用，而一般财产法并不要求这样。因此，那种关于创作者通过智力创作与资本投入所创造的智力成果就必然给予保护的观点是错误的。不问作品元素是否符

---

① 吴汉东等：《知识产权基本问题研究》，中国人民大学出版社 2005 年版，第 86 页。
② 吴汉东等：《知识产权基本问题研究》，中国人民大学出版社 2005 年版，第 36 页。

合相关法律设定的条件,仅仅因为是创作者通过智力创作与资本投入所创造的智力成果就给予保护是不符合知识产权立法的原理的。

五、对商品化权益在什么情况下才给予保护

商品化权是"将著作中的角色使用作为商品或服务标志的权利"①。我国法律并没有对商品化权作出规定,因此对于商品化权的定义、商品化权是否属于民事权益并不明确,在法律层面上是否应该保护存在争议,司法实践中也存在着发展变化的过程。

(一)民事司法实践

早期民事案件中,法院既否定对作品名称的著作权保护,也否定按照反不正当竞争的路径进行保护。在原告郭×夫诉被告杭州娃哈哈集团公司侵犯著作权及不正当竞争一案中,法院认为,"娃哈哈"作为歌曲中的副歌短句、歌词的一个组成部分……不符合受著作权保护的作品的要求;原告作为作曲家,不具有经营者的身份,原告的作品和被告的作品分属不同的领域,原被告间不存在同业竞争关系,被告使用"娃哈哈"注册商标的行为不构成不正当竞争。② 在赵×康与曲靖卷烟厂著作权侵权、不正当竞争纠纷中,二审判决认为,单纯的作品名称"五朵金花"因字数有限,不能囊括作品的独创部分,不具备法律意义上作品的要素,不具有作品属性,不应受著作权法保护。反不正当竞争法调整的是平等的市场经营主体间在市场竞争中发生的法律关系,赵继康并非市场经营主体,与曲靖卷烟厂不存在竞争关系,本案不应适用《反不正当竞争法》调整。③

后来有些法院从反不正当竞争的角度对作品名称等进行了保护。在《人在囧途》诉《泰囧》不正当竞争纠纷案中,法院判决认定,电影"人在囧途"是知名商品,该电影名称已经构成"知名商品的特有名称",被告的电影名称为"人再囧途之泰囧",被告的使用会造成相关公众的混淆误认,依照《反不正当竞争法》第2条和第5条第2项构成不正当竞争。④ 在中国青年出版社与湖南文艺公司、中南博集天卷公司等不正当竞争纠纷案中,二审判决认为,中国青年出版社出版的《高效能人士的七个习惯》具有较高市场知名度,构成知名商品,其名称和装潢属于知名商品的特有名称和特有装潢;侵权图书《高效能人士的七个习惯·人际关系篇》与《高效能人士的七个习惯》构

---

① 梅慎实:《"角色"的权利归属及其商品化的权利归属之争——兼论"济公活佛"角色的权利归属之争》,载《法学》1989 年第 5 期。
② 上海市第二中级人民法院(1998)沪二中知初字 5 号民事判决书。
③ 云南省高级人民法院(2003)云高民三终字 16 号民事判决书。
④ 北京市高级人民法院(2013)高民初字 1236 号民事判决书、最高人民法院(2015)民三终字 4 号民事判决书。

成近似名称,侵权图书与权利图书构成近似装潢。在涉案侵权图书使用了与权利图书近似的名称和装潢的情况下,容易导致混淆误认,构成不正当竞争。①

民事司法实践的发展过程表明,目前对作品名称等的反不正当竞争保护,都是把相关作品当作商品、把作品名称认定为商品名称,同时限于制止在相同或者类似商品上使用相同或者近似的作品名称,以是否混淆误认为条件。这种保护本质上是商业标志类性质的保护,仅赋予其商业标志性权益的排斥力。

(二)商标授权确权司法实践

对于商标授权确权中涉及的作品名称、角色名称能否作为在先权利进行反抢注的保护,司法裁判经历了由不保护到保护,由非在先权利保护到在先权利保护,再由"商品化权"的权利保护到称其为"商品化权益"的利益保护历程。在总结审判经验的基础上,最高人民法院出台了《关于审理商标授权确权行政案件若干问题的规定》。其第22条第2款规定,对于著作权保护期限内的作品,如果作品名称、作品中的角色名称等具有较高知名度,将其作为商标使用在相关商品上容易导致相关公众误认为其经过权利人的许可或者与权利人存在特定联系,当事人以此主张构成在先权益的,人民法院予以支持。对此,该规定的起草者指出:"第二款规定的作品名称和角色名称,按照我国著作权法的规定,通常不能受到著作权法的保护,但是对于具有较高知名度的作品名称、角色名称而言,其知名度会带来相应的商业价值,权利人可以自行使用或者许可他人使用,构成可受保护的一种合法权益。如果他人未经许可将上述作品名称、角色名称等作为商标使用在相关商品上,容易使相关公众误认为该商品获得了权利人的许可或者与其有特定联系,会损害相关权利人自行或者许可他人对其进行商业利用的权利,权利人可以依据商标法第三十二条对该商标提出异议、无效申请。"②据此,作品名称、作品中的角色名称只要具有知名度和商业价值就产生单独的商品化权益,具有绝对权的对世效力,不要求作品名称、作品中的角色名称等投入商业化使用,对其保护也不受商品或服务类别的限制。

对作品名称、作品中的角色名称等采商品化权益保护存在着不少可质疑之处,③但无论如何,根据该规定,对作品名称、作品中的角色名称等给予保护并非没有条件限制,也就是说仍需具备一定的条件,如在著作权保护期限内、容易导致相关公众误认为其经过权利人的许可或者与权利人存在特定联系,等等。

综上,在民事司法领域,对作品名称、作品中的角色名称等,主流观点是采商业标志类保护,应以商业活动中造成混淆误认为保护条件;即使在商标授权确权中作为商品化权益保护,其对诉争商标的阻碍也不是绝对的,而是要具备司法解释要求的一定

---

① 北京知识产权法院(2016)京73民终822号民事判决书。
② 宋晓明、王闯、夏君丽等:《〈商标授权确权司法解释〉的理解与适用》,载《人民司法》2017年第10期。
③ 孔祥俊:《作品名称与角色名称商品化权益的反思与重构》,载《现代法学》2018年第2期。

条件。所以仅因为使用了在先游戏或者文字作品的名称、角色名称即认定为不正当竞争行为,缺乏充分的法律依据。

六、反不正当竞争法是权益保护法吗

从上述判例的说理部分看,虽然法院力图在反不正当竞争法的框架内并使用竞争法的语言来论证被诉行为的不正当竞争性质,但事实上是将不属于专门法和专有权保护的商业标识和智力成果,以"搭便车"为由继续以反不正当竞争法进行保护,如在《炉石传说:魔兽英雄传》与《卧龙传说:三国名将传》案中,判决认为,被诉侵权人使用了与权利人基本一致的游戏规则、游戏标识和界面等,通过不正当的整体抄袭手段,将权利人的智力成果占为己有,具备了不正当竞争的性质,构成不正当竞争行为。在《英雄联盟》案中,判决认为,被告开发运营的《最萌英雄》的游戏启动界面标识、角色形象、角色名称系对《英雄联盟》游戏的模仿,违反了经营者应遵守的诚实信用原则和公认的商业道德,具有不正当性。这些做法虽然以反不正当竞争之名,但在某种意义上使得反不正当竞争保护变相成为扩张专有权的路径或者达此效果。

不可否认,反不正当竞争法具有权利保护的属性,但总体上应该属于行为法,是以规制行为的方式保护法益,在司法实践中不少判决特别强调了反不正当竞争法的行为法属性。在《梦幻西游》案中,法院认为:"诚然,禁止对于他人知识上的投资和所创造成果的搭便车,是反不正当竞争法立法的重要初衷,但反不正当竞争法具有行为属性,是以竞争行为为调整对象。在市场经济下,竞争和竞争自由是市场经济的根本机制。搭便车行为本身并不必然构成不正当竞争行为……(是否构成不正当竞争)仍然应根据法律所规定的行为正当性的判断标准进行认定。否则就会不适当地扩张不正当竞争的范围,侵占公有领域,损害自由竞争。"① 在"北京微梦与字节跳动案"中,二审法院认为,反不正当竞争法不是权益保护法,其在对互联网行业的竞争行为进行规制时不应过多考虑静态利益和商业成果,而应立足于竞争手段的正当性和竞争机制的健全性,更应考虑市场竞争的根本目标。② 基于反不正当竞争法本质上的规制市场行为、维护市场竞争秩序的性质,对不正当竞争行为的认定,通常不仅需要证明侵权行为本身,还需要证明该行为对市场竞争环境造成了实质性的影响。

从法律规制对象的角度也可以发现依反不正当竞争法保护权益可能产生法律适用问题,对民事权益进行保护是民事侵权法的目标和任务。2010 年 7 月施行的《侵权责任法》第 2 条第 1 款规定,侵害民事权益,应当依照本法承担侵权责任。《民法典》第 1164 条规定,本编调整因侵害民事权益产生的民事关系。第 1165 条规定,行

---

① 广州知识产权法院(2018)粤 73 民初 684 号民事判决书。
② 北京市高级人民法院(2021)京民终 281 号民事判决书。

为人因过错侵害他人民事权益造成损害的,应当承担侵权责任。依照法律规定推定行为人有过错,其不能证明自己没有过错的,应当承担侵权责任。反不正当竞争法虽然与侵权法有一定的渊源,但在《民法典》已明确规定由其调整侵害民事权益产生的民事关系的情况下,再以反不正当竞争法来保护民事权益是令人怀疑的。现行某些做法不适当地扩大了反不正当竞争法的调整范围,变相地把反不正当竞争法变成了专有权保护法,从而可能改变反不正当竞争法的行为法性质;同时也可能混淆反不正当竞争法与权益保护法的关系。

将利用他人游戏或者文字作品元素的行为认定为不正当竞争通常以《反不正当竞争法》第2条为法律依据,因此,对此问题的回答,还需要进一步讨论反不正当竞争法一般条款如何适用、商业道德与一般的社会公德、个人品格的关系等;针对竞争存在两种竞争观,即伦理上的公平竞争观与经济上的效率竞争观。采取伦理性的公平竞争观,旨在维护商业道德意义上的公平,保护既有的秩序安定和既得利益;经济性的效率竞争观,尊重市场的激烈竞争,以及强调和相信经营者和消费者的自我保护。① 对待上述案例中的"搭便车",采取不同的竞争观,其结果可能是不同的。但鉴于本文篇幅所限,对这两个问题本文不再赘述。

著作权法不保护思想,其初衷在于确保思想的自由传播;利益平衡原则是著作权制度乃至知识产权制度的基本精神之一,著作权法一方面赋予作者对其符合法律规定的作品一定的垄断权,但对作者的权利又设定了范围和期限,在权利范围之外则允许他人自由使用;对于未纳入著作权的客体,则成为公共知识产品,进入公共领域。商标法、反不正当竞争法等专门法律对商业标识的保护以混淆为标准,因此,是否混淆是基于商业标识产生的权利(权益)的边界,在此边界之外则属于自由模仿和自由竞争的范畴。创造性是知识产品取得法律保护的条件,不具备创造性的智力成果不能取得知识产权,不受法律保护,相反会进入公有领域,为公众自由使用。不论在民事司法领域,还是在商标授权确权中,对商品化权益保护,是需要具备一定的条件的,仅因为使用作品名称、角色名称即认定为不正当竞争行为,尚缺乏法律和法理根据。反不正当竞争法虽然脱胎于侵权法,也具有保护权益的功能,但总体性质上属于行为法,不宜随意变相改变竞争法的行为法本质。著作权法等知识产权法的这些制度和原理是在适用反不正当竞争法一般条款分析使用他人游戏或文字作品元素是否不正当竞争行为应予充分考虑的。还应当注意到,对知识产权法与反不正当竞争法保护的法益的边界外的商业标志、智力成果等又再行给予保护,是否会侵犯模仿自由和竞争自由,是否会抵触知识产权法与反不正当竞争法特别规定的立法精神。

现行的一些做法,是把著作权法、商标法、专利法、反不正当竞争法等专门法已经排除出著作权、商标权、专利权等权利范围外而且明确让渡给社会、交给公众的利益

---

① 孔祥俊:《论"搭便车"的反不正当竞争法定位》,载《比较法研究》2023年第2期。

使用他人作品元素的反不正当竞争规制之反思

又以反不正当竞争的名义收回来,把那些不受保护不属于权利人范围的利益又还给了权利人,明显与著作权法、商标法、专利法、反不正当竞争法等专门法的规定相抵触;甚至对上述提到的作品元素、标识的保护力度远远大于专门法给予其对象的保护力度,把不受专门法保护的内容又给"兜"起来了,消解了专门法的意义和作用,足不可取。

符合作品特征的其他智力成果：
电子游戏作品著作权的本源思考

邓丹云　戴瑾茹[*]

摘　要：电子游戏独创性体现在游戏规则、游戏素材和游戏程序的具体设计、选择和编排中，和其他法定作品类型存在本质不同，可以被认定为"符合作品特征的其他智力成果"。游戏规则是电子游戏的核心和灵魂，可以分为基础游戏规则和具体游戏规则。基础游戏规则作为划分游戏类型的依据，属于思想范畴，不受著作权法的保护。具体游戏规则可分为运营规则和建构规则。运营规则本质上类似于营销活动方法，不能作为著作权法保护的对象。建构规则是围绕基础游戏规则展开的详尽细致的设计，具有广阔的创作表达空间，这既表现在单个游戏规则的设计方面，也体现在游戏规则之间相互联系和作用所形成的各种游戏机制层面，随着玩家的操作在游戏画面中以文字、图案、声音等多种形式进行动态展示。当它们具有独创性时，应当获得著作权法的保护。从游戏基本逻辑出发，所有的游戏都是由游戏规则组成的游戏机制构成的系统。比对游戏是否整体侵权，必然会进行游戏规则比对。既包括单个游戏规则的静态比对，也包括规则间联系机制的动态比对。当两款游戏的具体游戏规则及联系机制相似时，可以认定后一款游戏对前一款游戏的规则系统进行了整体实质性利用，构成著作权侵权。

关键词：电子游戏；游戏作品；游戏规则；游戏机制；系统分析

---

[*] 邓丹云，女，广州互联网法院综合审判二庭庭长；戴瑾茹，女，广州互联网法院综合审判二庭审判员。

Other Intellectual Achievements in Line with the Characteristics of the Work: the Origin of Copyright in Electronic Game Works

Deng Danyun　Dai Jinru

Abstract: The originality of electronic games is embodied in the specific design, selection and layout of game rules, materials and programs. It is fundamentally different from the other types of works, so it can be recognized as "other intellectual achievements that meet the characteristics of works". Game rules are the soul of electronic games, they can be divided into basic game rules and specific game rules. The basic game rules can be used as the basis for classifying the types of games, they belong to the category of ideas and are not protected by Copyright Law. The specific game rules can be divided into operation rules and construction rules. Operation rules are essentially similar to marketing methods, which cannot be protected by Copyright Law. Construction rules are detailed designs based on the basic game rules, they have broad space for creation and expression, which is reflected not only in the design of individual game rules, but also in the various game mechanisms formed by the interconnection and interaction between game rules. They are dynamically displayed in various forms such as text, patterns, and sounds in the game screen. When they are original, they should be protected by Copyright Law. From the basic logic of the game, each game is a system composed of game rules and game mechanisms. Therefore, comparing the overall infringement of the game will inevitably involve comparing the rules of the game. This includes both static comparisons of individual game rules and dynamic comparisons of the connection mechanisms between rules. When the specific game rules and contact mechanisms of the two games are similar, it can be determined that the latter game has made substantial use of the rules system of the previous game as a whole, constituting copyright infringement.

Key Words: video game; game works; rules of the game; game mechanics; system analysis

引言:电子游戏的本质是游戏

伯纳德·舒兹认为,进行一场游戏,就是去参与一个导向某种特定状态的活动,过程中只使用规则所允许的方法,而规则禁止较有效率的方法同时偏好低效率的方法;这些规则被接受,因为有了规则这个活动才有可能存在。① 游戏包括前游戏目标、建构规则和游戏态度三个要素。前游戏目标是一种特定的事件达成状态;建构规则设定了玩游戏必须符合的所有条件;游戏态度是游戏者为了让游戏得以进行而接受规则的态度。任何活动都必须拥有这三个要素,才可称为玩游戏;而拥有全部要素的任何活动,都是玩游戏。②

电子游戏也包含前游戏目标,建构规则和游戏态度三个要素,本质上仍属于游戏。与传统游戏不同的是,电子游戏无须使用卡片、骰子、棋盘等物理媒介,玩家系通过观看电子设备(如电脑、游戏机、手机等)屏幕,并操控设备上的控制器进行游戏来获得游戏体验。电子游戏借助计算机的运算、空间和图形处理能力,在游戏规则上,能够呈现更加丰富的游戏玩法、复杂的系统和精密的数值体系,让很多原本没有实现可能的复杂游戏创意能够成为现实;在游戏形式上,不再受地球重力和现实空间的影响,无论是二维世界,还是失重空间,都可以在电子游戏中出现;在游戏样态上,拥有更加强大的动态表现力,从感官上能带给玩家前所未有的视听体验。③ 电子游戏使游戏这一古老的活动方式具有了全新的生命力和吸引力,日新月异。

一、电子游戏作品类型认定的实践

电子游戏类型丰富。根据游戏载体的不同,可以分为主机游戏、掌机游戏、电脑游戏和手机游戏等;根据游戏题材的不同,可以分为动作游戏、角色扮演游戏、策略游戏、益智游戏、射击游戏、体育游戏、音乐游戏等。无论属于何种类型,较之于传统游戏,在虚拟空间运行的电子游戏,不仅能反映具体的游戏活动,而且可以画面的形式呈现游戏的过程和结果。一个电子游戏,除游戏规则外,还需作为技术手段的游戏程序,以及作为画面表现要素的游戏素材共同构成。游戏运行过程中,在游戏规则的引导下,通过软件程序自动或应玩家交互指令,临时调用游戏素材库中的各种文字片段、美术图片、音乐音效、特效动画等元素,进行有机组合,在终端屏幕上呈现出丰富的综合视听画面。

对于这些终端形成的画面的作品类型,广州互联网法院在近五年涉网络游戏著作权案件的审理中,根据画面的不同表现形式,分别作了类电作品或视听作品、汇编作品的认定。如在《王者荣耀》游戏短视频案中提出,类电作品强调的是表现形式而

---

① [美]伯纳德·舒兹:《蚱蜢:游戏、生命与乌托邦》,胡天玫、周育萍译,重庆出版社 2022 年版,第 35 页。
② [美]伯纳德·舒兹:《蚱蜢:游戏、生命与乌托邦》,胡天玫、周育萍译,重庆出版社 2022 年版,第 38—44 页。
③ 北京大学互联网发展研究中心:《游戏学》,中国人民大学出版社 2019 年版,第 84 页。

符合作品特征的其他智力成果：电子游戏作品著作权的本源思考

非创作方法，在符合一系列有伴音或者无伴音的画面组成的特征，并且可以由用户通过游戏引擎调动游戏资源库呈现出相关画面时，《王者荣耀》游戏的整体画面宜认定为类电作品。① 在《最强的大脑》游戏案中，明确案涉游戏实质是通过计算机程序展示的一套试题库，创作者紧扣玩家心理，融入大量巧思，对单个题目的题面、选项图案、结算语以及对213道题目整体的选择与安排，具有独创性，将案涉作品认定为汇编作品。② 在《金币大富翁》游戏案中，认为案涉游戏能够呈现出被受众感知的一系列有伴音或无伴音的画面，符合视听作品的特征，应当认定为视听作品。③ 从画面的表现形式出发，似乎无须将电子游戏独立为新作品，只要根据电子游戏的不同表现形式，将其认定为不同类型作品即可。除了视听作品和汇编作品外，若电子游戏的主要表现形式为文字、音乐或美术等，则可对应认定为相关作品，如纯文字游戏《侠客行》，可以被认定为文字作品；纯音乐游戏《我爱记歌词》，可以被认定为音乐作品等。

尽管划分作品的类型主要根据其表现形式，但是是否认定为作品的核心则在于其独创性。通过对游戏的不断深入认识，笔者发现电子游戏的独创性体现在游戏规则、游戏素材和游戏程序的具体设计、选择和编排中，并通过游戏画面予以呈现，但是游戏画面的独创性不一定都是游戏创作者的贡献。下文将对电子游戏画面与视听作品中的典型代表电影画面予以比较。

二、电子游戏画面与视听作品画面具有本质的不同

电子游戏运行后，通常会呈现出一系列有伴音或者无伴音的画面。但是，通过放映装置呈现的视听作品的画面与玩家操作计算机程序调用游戏资源库生成的游戏画面存在本质的区别。

（一）画面生成机制不同

电影作品创作完成的标志是全部电影画面均已固定，有固定时长，也有固定内容，封闭有限，通过放映装置就能将画面线性完整呈现，画面与电影介质之间具有唯一、特定的对应关系，且可在任一时间点暂停、回放或快进。

电子游戏创作完成的标志，并非游戏画面的固定，而是整合了游戏规则、游戏素材和游戏程序后的游戏包体的形成。创作者通过对包括游戏规则和素材在内的游戏资源库及游戏程序的封包，固定游戏作品的内容。电子游戏画面则是游戏规则和游

---

① 广州互联网法院（2019）粤 0192 民初 1092-1102、1121-1125 号民事判决书。
② 广州互联网法院（2021）粤 0192 民初 4294 号民事判决书。
③ 广州互联网法院（2020）粤 0192 民初 348 号民事判决书。

戏素材相结合的概率空间[①]，开放无限。除挂机游戏外，电子游戏画面的生成或呈现与玩家的操作行为紧密关联，需要玩家操作计算机执行代码化指令序列调用游戏素材。尽管对于大多数电子游戏，玩家没有创作意图，所形成的游戏画面均是在游戏创作者设定的整个逻辑框架内，玩家既未创作出任何具有独创性的新游戏元素，也未创作出可以单独从游戏资源库中分离出的任何具有独创性的新画面，游戏画面的独创性仍然是游戏创作者设计的结果。但是，对于一些开放性自由度高的电子游戏，玩家会付出著作权法意义上的独创性劳动，具体游戏画面的形成往往会超出游戏创作者的预料，而呈现出带有玩家个体创作意志的状态。这些游戏画面的独创性则是游戏创作者和游戏玩家共同作用的结果。

同时，玩家操作电子游戏形成的画面，往往转瞬即逝，不可逆转。只要玩家或者观众在参与或者观看游戏时没有同步进行录制、截屏或者打印，一旦停止游戏过程，或者关掉游戏终端设备，游戏画面就会消失，整个游戏也回归到游戏包体的初始状态。虽然理论上电子游戏任意次运行后所呈现的画面内容可以完全一致，但事实上此种现象鲜有发生，不同玩家在相同或不同时刻的选择、操作以及同一玩家在不同时刻的选择、操作均难以复制。因此即使玩家再次操作游戏，也难以像播放电影一样，形成相同的游戏画面。游戏画面在某种意义上讲是难以穷尽的，可以在不同用户的参与下一直呈现扩张状态。

（二）画面表现形式不同

电影作品的连续画面通常由许多段落构成，每个段落又由若干场面构成，每个场面则由许多不同角度、不同方式拍摄的镜头组成。电影画面的表现形式是"一系列有伴音或无伴音的画面"，这种"一系列"强调的是画面与画面之间的关联性和逻辑性，且会给人一种运动的感觉，会被认为是一系列的连续动态画面。

电子游戏的画面表现形式不仅具有"连续画面"，还具有"非连续画面"。电子游戏中的连续画面有场景画面等，如在大型SLG游戏《率土之滨》中，玩家在大地图进行各种土地操作项以及战斗回放时所呈现出来的游戏画面。非连续画面一般表现为操作画面或称交互界面，是游戏程序调用游戏素材后在玩家客户端屏幕上所呈现的包括文字、数值、图片或是动画等元素的窗口界面，用于向玩家传递游戏规则内容，并为玩家提供选择、切换、升级、进入游戏场景、关闭等操作功能，实现玩家与游戏之间的互动。比如，《率土之滨》游戏中，玩家在武将控件内进行武将觉醒、进阶、战法拆解、升级等各项操作时形成的画面。操作画面大多不具有连续性，相对静止，不能给人一种运动的感觉。不同类型的游戏在"操作画面"和"场景画面"的运用上会存在不

---

① 概率空间（probability space）这一概念出现在《游戏机制——高级游戏设计技术》（［美］亚当斯、［美］多尔芒著，石曦译，人民邮电出版社2014年版）一书中"突现与渐进"这一章节。该书没有详细地就概率空间予以展开，但这是一个非常值得注重的概念。

小的差异。某些电子游戏会以操作画面表达为主,以场景画面表达为辅;某些电子游戏会以场景画面表达为主,以操作画面表达为辅;某些电子游戏则并重场景画面和操作画面,切换紧密,相互融合。

(三)画面功能价值不同

电影作品的画面体现了创作者的全部表达,观众对画面内容没有贡献,表现为单向被动。电影作品的首要功能价值在于"观赏",缺少动态交互机制。无论是通过院线、电视机、放映机或是互联网,电影的播放均将观众带入预先定义好的体验中,观众只是被动地欣赏电影画面,而不能改变电影画面的内容。即使是互动电影,也只是提供给观众多一些选择方式,所有的内容均已事先固定,只是不同的选择会有不同的情节呈现。

电子游戏画面虽然可以体现游戏创作者的表达,但玩家对画面内容的形成亦有贡献,表现为双向互动。电子游戏是一种制造体验的人工系统,游戏设计师创建了一些游戏规则并把这些游戏规则用一些具有代表性的虚构游戏素材包装起来。在游戏的过程中,这些游戏规则之间会产生一系列的事件,触动玩家潜意识中的触发器并激发出情感。① 这些情感交织到一起,就变成了一种综合的游戏体验。比如,玩家在"玩"游戏的过程中,一方面可以通过不同的操作获得不同的游戏反馈,另一方面可以通过与其他玩家之间的相互交流和相互影响来提升游戏的可玩度。玩家在游戏中获得娱乐、休闲、竞技、交流体验,拥有一片充满自由性、策略性和交互性的天地。这种交互性是电子游戏的核心。

综上所述,电子游戏画面与视听作品画面有本质区别。尽管均可以连续画面的形式呈现,但是电子游戏画面开放无限,视听作品画面封闭有限。对于视听作品的比对,可以一帧帧进行。这种比对方式,客观、全面,既能展现视听作品的局部,也能反映其全貌,还可以抽取出其中属于剧本、音乐、摄影等能单独予以保护的内容。而电子游戏画面变动不居,又并非一定由游戏创作者独创,要通过一帧帧画面实现对两款游戏的比对,既不全面,也不客观,亦不现实。同样的,电子游戏画面亦与音乐作品或文字作品等有本质区别。

三、电子游戏应当被认定为符合作品特征的其他智力成果

电子游戏画面与其他法定作品类型的表现形式的区别,使我们认识到在认定电子游戏作品类型时,将其仅仅聚焦于画面可能会失之偏颇。在讨论电子游戏的本质为游戏时,实际上已包含了对两个主体的认识,即游戏的创作者和游戏的参与者。对游戏创作者而言,电子游戏创作完成的标志,并非游戏画面的固定,而是整合了游戏

---

① [美]西尔维斯特:《体验引擎:游戏设计全景探秘》,秦彬译,电子工业出版社 2015 年版,第43页。

规则、游戏素材和游戏程序后的游戏包体的形成。著作权法规定,作品的著作权不论是否发表,从创作完成即产生。那么,电子游戏著作权的取得当为游戏包体形成时。由于电子游戏包体是以计算机软件的形式呈现,在早期的游戏著作权案中,往往直接从计算机软件作品角度对其进行保护。这种保护方式在一定程度上反映了电子游戏的特点,且考虑到了电子游戏作品取得著作权的时间。但是,计算机软件程序只是电子游戏的一种实现方式和技术手段,而不能囊括游戏所展现的实质内容,而且使用不同的软件程序或编程语言,最终可能会呈现出相同或者高度相似的游戏内容。当从计算机软件角度对网络游戏进行保护存在局限时,从终端画面着手对电子游戏予以整体保护就成了自然选择。可是,如前所述,终端画面是在游戏参与者即游戏玩家的作用下形成的,系游戏规则与游戏素材相结合的概率空间,既开放无限,也非游戏创作者初始完成,一些画面还可能包含游戏玩家的独创性贡献,且即使在相同或相似游戏规则情况下,若游戏素材不同,画面也会不同。仅从终端画面的角度对电子游戏进行保护,同样具有局限性。当前端的游戏包体及终端的游戏画面都不足以反映电子游戏的全部内容时,说明要对电子游戏予以全面认识,需结合游戏包体和终端画面共同考量,而这种考量方式并非八种法定作品类型所需,故将电子游戏作为一种独立的作品类型对待,就具有了合理性和必要性。

(一)游戏规则和素材既蕴含在游戏包体里,也呈现在游戏画面中

电子游戏的创作主要由策划、美工、程序等构成。策划负责游戏内的所有设计,策划文档是电子游戏的创作基础。策划文档中阐述的并不是游戏的具体事件,而是通过文字、图片、流程图、视频等多种形式,阐述游戏中关于文案、基础规则、具体规则、数值、界面、运营方案、营销推广方案等所有内容的说明文档。美术按照策划的要求,负责游戏内的角色、道具、场景及用户界面设计等各种美术资源(包括原画、模型、动画、特效等)的设计,并将游戏规则的内容进行对应的美术呈现。程序按照策划的要求,负责游戏内前后端的程序逻辑和代码,设计好玩家的操作指令,将各项文字、数值、美术资源按策划的逻辑得以在游戏画面中实现。因此,游戏策划是电子游戏开发的核心,游戏开发流程中的程序、美术、交互设计规则等其他所有职能,均需按照策划文档中撰写的内容进行对应开发,最终产出包含游戏规则、游戏资源库和游戏程序在内的游戏包体。具体而言,游戏规则包含游戏结构框架、系统策划、数值设定、操作步骤、地图布局、情节内容、角色特征、人物关系等内容,游戏素材则为美术和音效等设计。游戏规则和素材存储于游戏资源库之中供程序调用,以实现游戏界面的衔接逻辑和美术外观等。游戏包体投入使用后,根据不同的设计和安排,既可以作为单机游戏,也可以作为网络游戏供玩家操作。以建筑行业类比,策划文档类似设计图纸,具体开发人员类似施工队,游戏包体类似房屋等建筑。就如施工队必须严格按照设计图纸进行施工,否则会产生质量问题一样,游戏程序开发人员也必须严格按照策划文档进行,特别是游戏规则更不能擅自变更,否则会产生游戏不平衡或者游戏BUG等问题。由此可见,游戏程序是实现游戏规则和游戏素材效果的技术手段,游戏规则和游戏素材共同构成电子游戏的核心内容。

玩家运行电子游戏的过程,其实质是操作计算机程序调用包含游戏规则和游戏素材在内的游戏资源库生成游戏画面。具体而言,玩家向游戏程序发出操作指令;从游戏画面反馈的内容中获取必要的信息,根据游戏规则对游戏画面中的信息进行解读分析;在对画面进行分析判断的基础上,玩家根据游戏规则作出相应的决策,向游戏程序发出操作指令;游戏程序根据玩家的操作指令,调用相应的游戏元素,并形成新的游戏画面;玩家根据游戏规则对新的游戏画面再次进行解读分析并修正自己的决策,向游戏程序再次发出新的操作指令,形成新的游戏画面。如此往复,游戏不断推进,画面不断生成。也就是说,虽然游戏创作者规定了游戏规则的范围和作用并设计了丰富多彩的游戏素材,但是,只有通过游戏规则、玩家的选择,以及各种机制之间的相互作用,才能决定每一个游戏画面的实际内容,也才能被受众感觉和认知。

电子游戏通过画面被感觉和认知,可游戏整体画面难以穷尽,无法完整固定,而画面的不能固定并不等于游戏作品不能完整固定。无论玩家如何操作,游戏画面中能被玩家所感知到的游戏规则和素材均能在游戏包体中找到一一对应的内容,游戏画面与玩家的一系列操作指令形成稳定的映射关系。对游戏创作者而言,创作的是具体的游戏规则和素材,而非直接形成游戏画面,但是游戏画面是游戏规则和素材相结合的概率空间。游戏规则和素材既体现在游戏包体中,也反映在游戏画面中。

(二)游戏规则相较于游戏素材更具有根本性

1.游戏规则和游戏素材相辅相成,缺一不可

游戏资源库中的美术、文字和音乐等游戏素材直接反映在游戏画面中,并且可以脱离游戏画面单独构成美术、文字或音乐作品。但是,游戏素材在没有游戏规则对其进行串联和耦合之前,只是一个个孤立的静态设计。只有通过游戏规则对玩家的决策、操作产生影响,游戏素材才能形成彼此关联相互衔接的游戏画面。可以说,没有游戏规则,就没有交互,就不能体现"玩"这一游戏的主要功能价值,游戏素材亦会成为无序的堆砌物;而没有游戏素材,游戏规则亦无法被理解和运用。游戏规则必须为具体的游戏服务,离开具体的游戏,游戏规则即为无源之水、无本之木,即使其能以文字或图片等方式呈现,也区别于其他文字或美术作品,不能脱离具体的游戏被公众感知和欣赏。对于字面的游戏规则,公众既体会不到游戏的乐趣,也难以感知其中的文学和艺术性。对于两款不同的游戏,只是单纯观察规则的字面不同,也很难体会游戏的实际差异。即使对于游戏创作者,在未对游戏进行测试前,也很难清楚地知晓游戏规则能够呈现的效果。

2.游戏规则是电子游戏的核心和灵魂

虽然对于电子游戏的概念有不同的定义,但大多数说法都认为,规则是游戏的本质特性。例如,在 *Fundamentals of Game Design* 一书中,Ernest Adams 定义游戏

为，游戏是在一个模拟出来的环境中，参与者参照规则行动，尝试完成至少一个既定的重要目标的游乐性活动。在 Half-Real 中，Jesper Juul 说，游戏是一个基于规则的系统，产生一个不定的且可量化的结果。① 游戏规则决定了玩家能做什么，以及游戏如何对玩家的活动作出反应。玩家只能按规则行事，而且遵守游戏规则本身是游戏这项活动的目的的一部分。如果玩家在电子游戏中破坏规则，既不能达到游戏的目的，也无法实现交互的功能。区别于电影作品将观众带入预先定义好的体验中，电子游戏是一种通过复杂的游戏规则的交互方式来制造体验的人工系统，②玩家能够进行自由探索。游戏规则不仅仅具有功能性指示性的作用，而且具有激发人的情感的效果。游戏中，玩家所体会到的兴奋、激情、害怕、恐怖、失败和挫折等体验，胜利获得奖赏，失败受到惩罚，大都为游戏规则使用的结果。游戏过程中，通过游戏规则和玩家的交互，形成游戏事件，激活玩家动机，带给玩家乐趣，并触发玩家的情感。当然，仅靠游戏规则的作用，能够提供的情感十分有限，只有通过角色才能够引发情感共鸣。比如，《率土之滨》游戏创造了拟真的社会生态，玩家刚进入游戏时，站在其脚下的土地只是 225 万格中的 9 格。通过占领土地，玩家活动空间逐渐扩张，并在游戏进展中，逐步拥有不同规模的土地、资源、技术、地理位置和发展规划等特殊内容。在加入同盟并为同盟而奋斗中，玩家会产生强烈的责任感与向心性，且在一次次的合作和战斗中，形成一个个分工明确、目标清晰的集体。玩家在游戏中所能体验到的胜利或者失败的各种情感，与电影作品视觉效果所带来的体验大不一样，而这种情感的体验与游戏规则的设定息息相关。这也是为何在两款游戏的游戏规则高度相似的情况下，即使游戏素材不同，玩家的体验感也会高度相似的原因。

3.游戏规则具有独立存在的价值和地位

游戏规则不能脱离游戏而被公众认知，并非其不具有独立存在的价值和地位。对游戏创作者而言，游戏规则在整体的游戏设计中，具有独立的地位。游戏创作者在为一个游戏设计规则系统后，可以将该规则系统移植到具有不同素材甚至不同媒介的游戏中。同一个游戏规则系统可以通过不同的媒介来实现，也可以在不同的游戏中运用。而当在不同的游戏中，嵌以相同或相似的游戏规则时，玩家又会产生基本相同或相似的体验。在这种意义上，游戏规则在游戏中具有了独立于游戏素材被感知和欣赏的地位。

(三) 电子游戏规则在一定条件下可以构成表达

1.电子游戏规则不宜等同于不受著作权法保护的"思想"

从一个抽象概念意义上去判断游戏规则是思想还是表达缺乏客观性，应该在个

---

① ［美］亚当斯、［美］多尔芒：《游戏机制——高级游戏设计技术》，石曦译，人民邮电出版社2014年版，第1页。

② ［美］西尔维斯特：《体验引擎：游戏设计全景探秘》，秦彬译，电子工业出版社2015年版，第43页。

案中具体分析该游戏规则是什么,究竟包含哪些内容。若仅因"规则"二字,便直接将其排除"表达"的范畴,则系望文生义。如"当我们说某款游戏的中心思想是'升级打怪'时,其实已经不再是指该游戏作品的思想或所指了,而是把该游戏作品的思想或所指进一步高度概括化了(也可以说是'偷换概念')"①。

2.电子游戏规则的实用性技术功能作用并非其不能成为表达的条件

为了实现"好玩"这一目标,电子游戏规则通常具有"可用性",可以指示玩家下一步操作,或是让玩家了解游戏流程等。但是,具有指示性和操作方法等功能,并非游戏规则独有,其他类型作品中也在一定程度上包含操作方法。如对演奏者而言,音乐作品中的乐谱可以被理解为一套引导弹奏并能制造特定听觉效果的操作方法;对演员而言,作为戏剧作品的剧本,亦可以被理解为引导演员在特定时刻、于特定位置、作出特定动作并且以特定语调说出特定话语来向观众传递特定故事和特定氛围的操作方法;摄影作品中的取材、构图、配色、特效等方面的选择,既可以被理解为关于审美要素的选择,也可以被理解为关于操作方法的选择。实际上,任何特定的美感表达都可以被翻译为特定的操作流程,无论是音乐、绘画还是摄影或是其他作品,这也是人工智能之所以在写诗、作曲和绘画等艺术领域中能大放异彩的重要原因。所以,不能因为电子游戏规则具有可用性,就认定其不能成为著作权法意义上的表达。游戏规则虽然具备交互要素,可以用来引导玩家操作游戏,但并不必然属于著作权法不保护的"功能性"特征。对于本质上仍系文学、艺术领域的表达,不能直接将其归入操作方法或实用功能的范畴。

3.具体游戏规则和游戏机制具有广阔的创作空间

根据游戏规则的不同作用和功能,可借鉴凯蒂(Katie)和埃里克(Eric)在《游戏规则:游戏设计基础》一书的分类方法,将游戏规则大致分为基础规则(constituative rules)、具体规则(operational rules)和隐性规则(implicit rules)。基础游戏规则确定了游戏的基本玩法,决定了整个电子游戏的设计方向和具体游戏规则的设计思路,可以作为划分游戏类型的依据。比如,网络游戏根据基础规则的不同,可以区分为MOBA、射击、SLG等多种类别。其中,MOBA类游戏的基础规则是保护自家基地的同时进攻对方基地;射击类游戏的基础规则是"移动"和"射击";SLG类游戏的基础规则是玩家运用策略与其他玩家较量,以取得各种形式的胜利。这些规则与文学作品风格类似,属于思想的范畴,不应获得著作权法的保护。隐性规则在游戏中没有强制设定,并非游戏创作者创作,是玩家根据已有游戏规则在游戏实践中总结出来的技术规则,属于玩家集体智慧的产物,具有隐藏性和非强制性,亦不属于著作权法保护的内容。

---

① 熊文聪:《具有独创性的游戏规则为什么应当受到保护?》,https://mp.weixin.qq.com/s/1ot7yK7QM_albt6blMma5g,下载日期:2023年10月11日。

具体游戏规则是围绕基础游戏规则展开的详尽细致的设计，贯穿于游戏制作的始终，具有广阔的创作表达空间。这既表现在单个的游戏规则的设计方面，也体现在游戏规则之间的相互联系和作用所形成的各种游戏机制层面。这里所说的游戏机制，是和游戏规则相关联的概念，指一套涉及单个游戏元素或交互特性的游戏规则，即一个游戏机制包含多项规则。① 游戏机制涵盖了影响游戏运作的一切要素，定义了游戏如何运行，对玩家的操作及时予以反馈，形成游戏事件，玩家就能感知游戏机制的运行方式和逻辑，并在游戏中带给玩家乐趣，触发玩家的情感。

就单个游戏规则而言，单个游戏规则是达成游戏目标的基本组成部分，不同的设计决定玩家的不同操作和体验。游戏中，为实现某一任务目标，既可以设定 A 规则，也可以设定 B 规则。即使不同的游戏都设定 A 规则，也可以进行各种选择和编排，通过不同的文字、图片、音效等进行不同的设计。

就游戏机制而言，游戏机制体现了游戏规则之间相互联系和相互作用的路径及方式，反映了游戏交互设计中的"目标—行为—反馈"模式，表现为一系列引导、限制玩家在游戏中行为的正、负反馈机制设计，要实现结构严密，逻辑自洽，让玩家能感受到游戏的好玩性，亦需要游戏创作者予以详尽具体的设计。电子游戏中不同规则的相互联系和作用所形成的各种游戏机制，构筑了电子游戏的整体架构，使游戏得以不断运行的同时，也传达出艺术和情感的价值。常见的游戏机制类型包括物理机制、内部经济机制、渐进机制、战术机动机制、社交互动机制、胜负和奖惩机制等。不同游戏的可玩性会有不同的机制侧重，有的游戏的可玩性源于内部经济，有的源于物理，还有的源于关卡渐进、战术动机或社交互动等。比如，模拟战略类 SLG 游戏的可玩性主要表现在内部经济机制（单位建造、资源采集、单位升级，将单位置于战斗的风险之中等）、战术机动机制（为获得进攻或防守优势而对单位位置的调动等）和社交互动机制（经过协调的行动，玩家间的结盟和竞争等）中。同一类型的游戏有类似游戏机制的设计，但由于游戏规则的广阔创作空间，以及规则之间联系的复杂性，相同类型的游戏机制存在着丰富多样的表达。在具体的游戏设计中，游戏机制很难予以泾渭分明的区分。在游戏规则相互联系之时，游戏机制之间也会彼此交错，相互关联，相互耦合，以构筑整体的游戏架构。

4.游戏规则和游戏机制能以一定形式予以呈现

游戏规则和游戏机制不等于"思想"。换个角度看，游戏设计的目的无非就是好玩，好玩就需要用户进行操作，而用户必须直接感知才能进行操作。如果仅停留在抽象的思想层面，用户将无法据此进行操作，游戏根本无法运行。电子游戏规则和机制在游戏包体中被静态固定，但同时会随着玩家的操作在游戏画面中以文字、图案、声

---

① ［美］亚当斯、［美］多尔芒,《游戏机制——高级游戏设计技术》,石曦译,人民邮电出版社 2014 年版,第 4 页。

音等多种形式进行动态展示,玩家能清晰地感知并可根据指引进行不断交互,完成游戏目标。"游戏设计内化于游戏引擎与游戏素材库,外化于动态的游戏运行画面。"① 即从游戏本体出发,大量的游戏规则及机制均可通过文字、图形、美术、声效等载体完全、客观地呈现于游戏画面中。

对游戏创作者而言,既要设计具体的游戏规则,也要将游戏规则之间相互联系和作用所形成的游戏机制进行详尽的文字和图形等说明,这些规则和机制既需要转化为代码固定在游戏包体中,也需要以文字、图形等形式在游戏画面中呈现,以不同的方式让玩家感知。电子游戏规则以及规则之间的联系所构成的游戏机制不等同于抽象的思想,其拥有广阔的创作空间,当其完全、客观地呈现于游戏画面中,就是一种能够被玩家感知的表达。

综上所述,作为独创性体现在游戏规则和游戏素材的具体设计、选择和编排中的电子游戏,系文学艺术领域并能以一定形式表现的智力成果,有其独特的创作方法、表达形式和传播手段,与八种法定作品类型存在本质不同,应当被认定为"符合作品特征的其他智力成果"。

四、电子游戏著作权侵权的比对方法

本文所讨论的电子游戏作品的著作权保护,指的是对电子游戏的整体保护,如实践中常见的复制、换皮以及改编等。尽管在很多电子游戏中,美术、剧情、声效和音乐等游戏素材对玩家体验作出的贡献不比可玩性小,有时甚至更多,但电子游戏是基于规则的系统,讨论电子游戏规则的本质特征,实质上也是在讨论电子游戏的本质特征,反之亦然。因此,在对电子游戏进行整体比对时,首先需要比对的就是游戏规则。

(一)区分运营规则和建构规则

游戏创作者所创作的游戏规则可分为基础规则和具体规则,基础规则属于思想范畴,只有具体规则方有可能构成著作权法意义上的表达。其中,具体规则可进一步区分为建构规则和运营规则。

建构规则,指的是使得一款游戏之所以为该游戏的规则设计。换言之,基础规则决定了此品类与彼品类游戏的区别,具体规则中的建构规则决定了此游戏与彼游戏的区别。比如,在《率土之滨》游戏中,地图、建筑、战斗、赛季等模块中的多数具体游戏规则均属于建构规则。假若地图模块没有了出生州—资源州—司隶的三层结构、土地等级及土地守军的数值设计,便没有了土地丰度及城池攻占难度的明显区分。玩家便无法针对个人及同盟的成长阶段设定不同等级土地/城池的目标,也无法获得

---

① 陶乾:《电子游戏抄袭,以何比对》,https://mp.weixin.qq.com/s/4iLxo8xuWmLITbJW5jnjMQ,下载日期:2023 年 12 月 10 日。

个人及同盟的实力成长。假如建筑模块没有了内政、军事及守备建筑及作为节奏控制器的城主府的存在,玩家将无法获得足够的资源,组建足够的部队,获得个人的成长。再如战斗模块,在没有武将养成及战法研究的情况下,玩家的部队会陷入无法进行阶跃式成长的状态,相应的也无法去占领更高等级的土地及城池。而对赛季模块而言,"天下大势"本就是赛季中的设计,且如果没有每个赛季的新增设计内容,则《率土之滨》将变为一款有特定结局的游戏,玩家将没有动力在结束一个赛季后继续游戏。因此,建构规则决定了一款游戏"主要"玩什么,构成表达的建构规则是著作权法应重点保护的内容。

运营规则,决定游戏的运营是采取单机模式还是联网模式,以及具体模式中的运营方式,如游戏中的充值、活动等规则,作为一种商业模式和运营策略,更接近于一种"方法"。虽然玩家在不同的运营方式中会有不同的游戏体验,而且在具体的游戏中也必须遵守,但此类规则系为了增加用户黏性,吸引玩家付费或参与游戏等,并非与玩家的互动设计,玩家只是被动接受,不能对这些规则进行自主操作和决策。对于此类运营规则,因其并非为了文学、艺术或科学目的的表达,所以也不能作为著作权法保护的对象。

因此,在对两款电子游戏进行侵权比对时,比对的应当是具体规则中的建构规则,而不包括基础规则和运营规则。

(二)结合单独比对和系统分析

电子游戏具有交互性,是一个动态的系统。游戏的单个规则缺乏独立评价的意义,单个规则只有和其他规则结合,才能共同发挥其在游戏系统中的效能,即一套交互特性游戏规则组成的动态机制才能定义玩游戏的活动如何进行、何时发生什么事、获胜和失败的条件是什么。游戏各个系统越复杂越高级,功能性耦合网层次就越多,越庞大复杂。而电子游戏系统无论规则之间的联系机制如何复杂,作为一个有机整体,均可以通过分析各个互相耦合的子系统所具有的性质来把握整体的性质。整体的性质是这些子系统所具有的性质通过组织产生的。子系统不是孤立的,是作为和其他子系统的关系存在的。每个子系统又包含各种要素,要素之间相互依存、相互转化,任何一个要素也可在相互作用下按一定关系成为更低一级的系统,形成系统的阶梯性和层次性。在任何结构中各个部分并不是孤立存在的,而是作为和其他部分的关系存在的。整体的性质不是从整体以外去寻找,而是由互相依存的各个部分的关系来说明。① 对电子游戏而言,根据规则之间的相互联系方式和机制,可将电子游戏分为渐进型电子游戏和突现型电子游戏。②

---

① 金观涛:《系统的哲学》,新星出版社2005年版,第205页。
② 渐进机制和突现机制在《游戏机制——高级游戏设计技术》一书中"突现与渐进""复杂系统和突现结构""渐进机制"等章节中有阐释,但其是作为一种游戏机制进行论述的,而并非直接对游戏进行分类。本文认为可以借鉴这两个词对电子游戏予以分类。

1.渐进型电子游戏侵权比对

渐进型电子游戏由创作者提供预先设计好的依序排列的挑战,玩家在游戏中通过关卡中发生的事件、在游戏中找到的各种线索以及在特定位置触发的剧情动画,逐渐产生一种体验故事的感觉。渐进型电子游戏规则体系相对完整和固定,游戏规则之间的交互关系相当小,所预设的每个挑战仅有有限的解决方案,且挑战的次序是固定的或只有很小的可变性,游戏规则以及规则联系所形成的游戏机制较易描述。与八种法定作品类型相似,渐进型电子游戏规则可以适用简单性原则,进行静态线性的比对方式。比如《最强的大脑》一案①中,案涉游戏为益智类游戏,类似于一套试题库,属于渐进型电子游戏。其规则简单,独创性主要体现在对单个题目的题面、选项图案、结算语的选择与安排,以及对213道题目整体的选择、安排上。因此通过对各个关卡游戏静态画面的对比,即可得出是否侵权的结论。

2.突现型电子游戏侵权比对

突现型电子游戏中的挑战和事件流程并非由创作者直接设计,而是在游戏进行的过程中显现出来,玩家在游戏过程中会经历各种可能状态,形成概率空间,游戏的突现特性或者说好玩性并非源于游戏单个组成部分的复杂性,而是源于游戏各部分之间相互作用所形成的游戏机制产生的复杂性。游戏规则联系越复杂,游戏玩法越多。当游戏规则的相互联系的复杂度超过某一点后,玩法的复杂度可能会骤然提升,产生概率空间激增的效应,为游戏增加大量的可能状态。突现型游戏作为一种复杂系统,需要运用系统论的方法,通过对具有不同功能的游戏机制即子系统的耦合机制进行分析才能把握规则整体的性质。

子系统应当如何划分?一般而言,复杂系统是由低级功能的子系统通过耦合而成的,故对子系统进行划分时既要考虑其功能,又要考虑子系统的独立性和完备性,即两个子系统原则上不能有相同的要素,且所有的要素都具有明确的子系统归属,一般不重叠,也不遗漏。在庞大的网络突现型游戏中,因联系和作用的复杂性,难以将所有的游戏机制予以列举,故如何划分子系统,找出适合的游戏机制进行比对,需具体游戏具体分析。通常而言,在对突现型游戏进行比对时,既要比对单个游戏规则,又要比对由其形成的游戏机制,还要比对机制与机制间的耦合关系。若被诉侵权游戏与权利游戏有独创性的具体游戏规则以及其组成的游戏机制均相似,且各机制之间的耦合亦相似时,则在后游戏构成对在先游戏的著作权侵权。

比如在《率土之滨》一案中,案涉游戏具有突现和渐进相结合的特征,既拥有自由和开放的突现型玩法,也能提供叙事的渐进型体验,但重点在于突现,表现为复杂系统。在具体比对中,法院将构成表达的规则解构为空间系统、资源系统、战斗系统、同盟系统、赛季系统,将其进行全面比对,比对内容既包括具体规则,又包括由具体规则

---

① 广州互联网法院(2021)粤0192民初4294号民事判决书。

(三) 坚持整体比对和综合判断

对于作品实质性相似的具体比对方法，实践中一般存在两种方式。一种是首先将不受保护的思想，以及在先的、有限的或公有领域的表达要素从作品中"过滤"出去，仅对独创性的表达要素进行比对来确定两作品之间是否存在实质性相似；另一种是将作品中受保护的表达与不受保护的表达作为一个"整体"，以此为基础将两作品进行比对，之后再将不受保护的表达"剔除"。不同类型的作品具体比对方式有所不同，必须个案分析。对电子游戏而言，由于其本身的特点，即使是原创设计也会经常使用之前使用过的创意。所以，原创游戏也可能使用普遍接受的表述方式和呈现界面来表达其独特的内容。故不排除对某些不受著作权法保护的单个表达所进行的选择、取舍、组合等整合构成独创性表达的情形。正如使用拼接式积木组装完成一件立体玩具，如果玩具本身满足美术作品的定义，则很可能被认定为美术作品，具有独创性。此时不能因为其各个组成部分是处于公有领域的、存在在先表达的方形、三角形、菱形、圆形等积木块，就先将其"过滤"出去。因此，在电子游戏侵权比对中，笔者更倾向整体比对、综合判断的方法。即第一，判断比对内容中是否存在思想或本身不受著作权法保护的内容，如有，将其排除；第二，将表达进行全面比对，得出两款游戏相似的部分；第三，判断相似的表达是否包含在先的、有限的或公有领域的表达，如有，将其"过滤"；第四，最终得出是否侵权的结论。

游戏规则的比对既可以解决游戏整体是否构成实质性相似，也可以针对游戏中的某个游戏系统或某类游戏机制是否相似的问题。当游戏规则在一定条件下可以构成表达，且具有独立存在的价值和意义时，亦可以视为"符合作品特征的其他智力成果"。当然，游戏著作权侵权的比对不仅仅是游戏规则的比对，如果同时存在文字、美术、音乐等素材的侵权，则需同时比对。若仅是游戏素材的侵权，一般并不构成对电子游戏作品的侵权，而仅是对相应文字、美术、音乐作品的侵权。

五、电子游戏作品著作权侵权的行为停止

根据著作权法的相关规定，侵害著作权的，应当根据情况，承担停止侵害、赔偿损失等民事责任。受篇幅限制，笔者在此仅讨论关于停止侵害的相关问题。多数电子游戏侵权案件中，权利人都会请求判令侵权游戏停运，该问题也是备受争议的问题。要求侵权人停止所实施的侵权行为，符合最为朴素的道德观念。但在具体的司法实践中，仍然需要根据个案的情况，灵活地考虑到权利人、侵权行为人及社会公众等多元利益的平衡，尽力找到最为合适的救济途径。

(一) 遵循比例适当原则

比例原则主要针对侵权内容之占比。比例原则如何适用，在法律上并没有明确

规定,需要根据案件的实际情况进行分析判断。如果侵权行为人是复制、照搬或是仅对权利游戏的独创性表达作出简单的增减、修改,侵权行为更接近于对原作的"复制",那么法院可以考虑判令游戏停运或删除相关侵权内容。如果侵权游戏本身亦具有独创性,构成作品,则应处理好原作品著作权人与演绎作品著作权人之间的关系,不宜直接判令在后游戏停止运营。

(二)遵循利益平衡原则

不同于其他的作品侵权,电子游戏侵权案件不仅涉及两款游戏创作者和运营者的利益,还与广大玩家的利益息息相关。电子游戏在运营的生命周期内,内容随着玩家的反馈、市场需求的变更及开发者目标的调整等因素不断进行增补删减属于常态。即是说,电子游戏存在动态变化的因素,因此也必须秉持"动态整体观"进行审视,不加区分地径行使用静态的"停止运营"对待一款动态发展的游戏,并不符合电子游戏特点及行业生态发展规律。同时,如果判令侵权游戏停止运营给侵权者造成的损害将远远大于不判令停止运营给权利人造成的损失,那么按照利益平衡的原则,也应当慎用此种判决方式,而采用相对高额的判赔方式或其他救济方法。此外,不少游戏中培养的玩家等级、积累的道具和建立的虚拟关系等均需耗费大量的时间、精力甚至金钱,若不加分析地判令在后游戏停止运营,玩家的利益将难以避免受到严重损害。

(三)遵循公有领域不被垄断原则

站在前人的肩膀上对在先经验成果予以模仿、借鉴,是文学、艺术和科学领域进行创作的必要过程,也是开拓创新的必然阶段,游戏行业内相互借鉴参考亦是常见现象。不少"爆款"游戏或是某类游戏的代表作本身既是借鉴在先游戏并进行创新的结果,也同时为在后游戏的开发提供了思路。对于产生于在先游戏、文学作品、历史事实和基本游戏逻辑,但又作了独创性选择与编排的创作,法律当然应予以保护。但在同类型同背景下的突现型游戏创作中,同一类型的电子游戏往往具有相似的核心规则元素,这些元素属于公有领域,不能被垄断,而且即使有相似的核心规则元素,但只要对核心规则有不同的具体设计,或者内在逻辑关联形成的游戏机制不同,则策略的选择就会有很大不同,游戏体验亦大不一样。因此,在可以针对相同元素进行重新设计时,不宜要求整体删除,可责令予以修改。

总之,在侵权责任承担方式的具体适用时,不能"一刀切"。而是既应保护著作权人的合法权利,亦应合理平衡侵权行为人与著作权人的利益,坚持鼓励作品创作与促进作品传播、促进文化发展与繁荣相结合的宗旨。

六、结语

电子游戏著作权保护问题极具复杂性,现行法律框架为"电子游戏作品"的诞生奠定了基础。但如何开展游戏比对、如何把握"抄袭"与"借鉴"的界限、如何计算损害赔偿额、如何通过一个个司法判决引领行业的健康发展是更加值得关注和讨论的问题。

不容忽视的是，事物总是存在两面性。电子游戏在市场上的规模不断扩大，推动相关领域创新活力的同时，也带来了不少社会问题，最为突出的即青少年游戏沉迷问题。因此，如何在保护原创的基础上，发挥电子游戏在科技创新上的驱动力，加强对游戏的行业监管，保护青少年的身心健康，是值得政策制定者、游戏从业者、法律职业者及社会大众进一步思考的问题。

实务争鸣

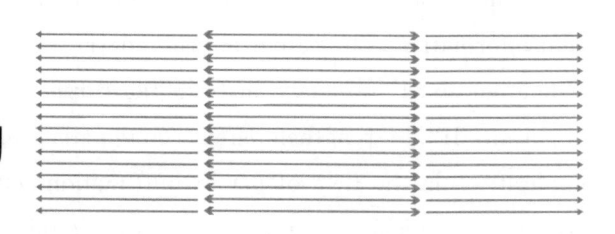

面向专利信息检索的技术创新
——基于专利情报分析的视角*

邱洪华　边煜东　万浩盛**

摘　要：专利信息检索技术是专利信息检索工作的重要技术手段,通过专利信息分析,全面了解专利信息检索领域的技术创新发展态势和重要内容。从年度趋势、主要专利申请人—IPC、高强度专利、高被引专利和专利地图等角度,对专利信息检索领域的专利情报进行挖掘和分析。当前的专利信息检索技术领域的专利申请主要集中在电数字数据处理、数据识别表示、信息传输等技术领域,用于解决专利信息检索过程中的检索、可视化、分析、存储等环节所提出的技术需求,以人工智能(AI)为代表的新一轮信息技术将会在专利信息检索中得到快速广泛的应用。

关键词：专利信息检索;技术创新;专利分析

A Study on the Technological Innovation for Patent Information Retrieval from the Perspective of Patent Information Analysis

Qiu Honghua　Bian Yudong　Wan Haosheng

Abstract：Patent information retrieval technology is an important technical

---

* 国家社科基金：大国竞争背景下知识产权安全的情报保障体系建设研究(项目批准号：23BTQ073)。

** 邱洪华,男,西北大学法学院/知识产权学院教授;边煜东,男,西北大学法学院/知识产权学院硕士研究生;万浩盛,男,中央财经大学法学院法律(法学)专业硕士研究生。

means of patent information retrieval. Through patent information analysis, the development trend and important content of technological innovation in the field of patent information retrieval could be understood completely by the utilization of patent information. The patent information in the field of patent information retrieval would be mined and analyzed from the perspectives of annual trend, main patent applicants-IPC, strengthen patent, cited patent and patent map. The current patent applications in the field of patent information retrieval technology mainly concentrated on the technical fields of electrical digital data processing, data identification and representation, information transmission and so on, which are used to solve the technical requirements of retrieval, visualization, analysis and storage in the process of patent information retrieval. The emerging technologies represented by Artificial Intelligence (AI) will be quickly and widely used in patent information retrieval.

Key Words：patent information retrieval; technological innovation; patent analysis

一、研究背景

（一）专利信息利用与专利信息检索技术

专利信息对知识经济发展而言是基础性和战略性的资源，专利信息检索技术是专利信息资源利用的基础。专利信息检索技术经历了从书本式检索到机械检索再到计算机检索的发展阶段。以专利文献为内容的专利信息具有高度信息化和国际化的特点，实时地反映着当今世界技术发展的最新前沿水平，是指导技术创新的重要信息来源之一，对研发活动具有极高的参考和指导价值。[①] 专利检索技术是专利信息检索与利用的基石，基于情报检索技术的专利信息检索分析是发挥专利文献价值的核心环节，专利文献检索技术的优劣将直接决定检索分析能否实现专利文献的价值。

随着科技与全球经济的发展，海量的发明与创新借由专利制度公之于世，世界知识产权组织（World Intellectual Property Organization）发布的统计数据直观地反映了专利申请数量大幅增加的趋势，随之而来的是专利信息在存取、整理和利用上面临的困难与挑战。尤其在大数据背景下，面对海量激增的专利数据，相较于人工检索，成本更低且效率更高的专利信息检索技术的开发需要十分迫切。同时，随着专利检索分析要求的不断提高，依托于大数据分析、机器学习等信息处理技术的日趋成熟，

---

① 陈琼娣、余翔：《USPTO"绿色技术"专利检索策略研究》，载《现代情报》2012年第8期。

专利信息检索技术也在不断地升级。

(二)技术创新的质量发展与专利信息检索技术

知识经济背景下,技术创新的高质量发展对专利信息检索技术开发具有巨大的需求。经济高质量发展必须以创新作为主要驱动力,而科技创新与成果转化是释放创新活力的关键环节。[①] 市场创新主体在技术创新生命周期的每一个关键环节对专利检索技术都有明显的依赖需求。对创新主体而言,准确描绘技术发展现状和产业发展脉络,为技术研发、专利布局和知识产权诉讼提供有效的情报支持,都离不开专利检索技术的应用。技术创新活动中的研发需要依托精准快速的检索服务去识别相关现有技术进而正确选择创新方向。而且,技术创新活动中的知识产权管理需以全面的专利情报信息为依据制定战略并进行市场布局。在知识产权保护与商业化当中,也需要以专利情报分析为工具,开展市场挖掘和保护工作。

(三)国家知识产权战略实施与专利信息检索技术

专利信息检索技术的开发与检索系统的建设不仅是一个国家知识产权战略的重要内容,更是实现知识产权战略目标的重要保障。专利信息检索技术的发展对一个国家知识产权战略的制定与实施都具有基础性价值。从各国实践看,专利信息检索技术作为专利信息资源有效开发的基础条件,推动科技、经济、文化和社会发展的重要工具,各国都将专利检索系统的建设、开发、升级和维护作为知识产权领域的重点工作加以推进。截至2019年12月,全世界共65个国家和地区建立了各自的官方专利检索系统共109个,其中亚洲33个、欧洲53个、美洲18个、大洋洲4个、非洲1个;此外共6个国际地区或组织分别建立了自己的专利检索系统共14个。[②] 2008年6月,我国颁布的《国家知识产权战略纲要》中明确提出要构建国家基础知识产权信息公共服务平台,加快开发适合我国检索方式与习惯的通用检索系统。

(四)专利信息检索技术的研究现状与专利分析的价值

目前专利信息检索技术的开发主要是基于自然语言处理、机器学习和信息检索等方面的研究,而专利信息检索系统的构建则需要解决专利文档建模、无效性检索和检索评价等三个关键技术问题。[③] 未来的专利检索技术的开发方向将主要包括跨语言分析、跨文本分析和结果可视化等方面。[④] 可见,无论是专利信息检索技术本身,

---

[①] 张波、邓鹏程:《经济高质量发展形成机制分析》,载《经济研究导刊》2019年第33期。

[②] 国家知识产权局:《互联网专利检索系统使用指南》,http://www.sipo.gov.cn/docs/pub/old/wxfw/zlwxxxggfw/hlwzljsxt/hlwzljsxtsyzn/201612/P020161222605289051997.pdf,下载日期:2022年3月27日。

[③] 陈旭、彭智勇、刘斌:《专利检索与分析研究综述》,载《武汉大学学报(工学版)》2014年第3期。

[④] 张少龙、周宁、吴佳鑫:《专利文献引用关联可视化系统的构建——以"美国专利数据库(USPTO)检索系统"为例》,载《现代图书情报技术》2007年第2期。

还是以专利信息检索技术为依托的专利情报分析的研究都表明,当前的专利信息技术的发展现状并不能满足技术创新对专利情报分析的需求,专利信息检索技术的基础技术和应用技术仍然有较多的空白之处。此外,从专利情报的角度研究专利信息检索技术发展的相关研究仍有待进一步加强。现有研究表明,专利情报分析可以展示技术细节及其相关关系,揭示科技创新趋势,激发技术创新方案并提供投资政策建议。① 因此,通过专利情报的挖掘与分析,研究面向专利信息检索的技术开发,有利于专利信息检索技术的发明者、专利情报挖掘的分析者和专利服务市场的参与者提供科学、明确的创新路径。②

二、专利检索表达式的构建与专利信息检索的平台

专利信息检索表达式的构建是专利信息检索与专利信息分析的前提与基础,为了获得专利信息分析的样本,本文构建了面向专利信息检索技术的专利检索表达式。在具体检索过程当中,本文的专利信息检索主要包括两个部分,第一部分的检索路径入口是通过标题执行检索,检索的关键词字段包含"patent and（retrieval or search）",而第二部分的检索路径入口是通过摘要和权利要求书两个部分执行检索,检索的关键词字段为"[patent and（retrieval or search）] and IPC"。综合以上两个部分检索结果,构建本文研究的数据库。经检验,基于该检索表达式的检索结果的查全率与查准率,均可满足对专利信息检索技术领域创新活动分析与评价的研究需要。

在专利信息检索平台方面,本文主要利用 Innography 执行专利检索。Innography 是国际高端专利检索分析平台,可以查询和获取 100 多个国家的 1 亿多条专利数据、超过 900 万条非专利科技文献、700 多万条的商标信息,还可检索和获取各种专利诉讼数据以及专利权人财务数据。Innography 具有独创的专利评价指标和强大的分析功能,可以进行专利竞争力、转化、引证、热点趋势等各种有价值的分析。③

三、专利信息检索领域技术创新态势分析

（一）主要国家专利信息检索技术年度发展态势

通过统计分析一段时期内特定技术领域专利信息的区域分布,可以了解各个国

---

① 刘向、万小萍、马费成:《基于专利信息的科技创新趋势探测:理论与方法》,载《情报科学》2015 年第 12 期。
② 赵阳:《面向企业技术创新的专利技术信息挖掘与分析研究》,载《现代情报》2020 年第 12 期。
③ 张曙、张甫、许惠青等:《基于 Innography 平台的核心专利挖掘、竞争预警、战略布局研究》,载《图书情报工作》2013 年第 19 期。

家或地区在该技术领域的创新发展及其专利保护的态势。表1反映了主要国家或地区专利信息检索技术领域的专利申请活动。从表1中可以看到，2000年以前，各个国家或地区在专利信息检索领域的专利申请均较少，可以认为，该技术领域在这一时期属于萌芽起步阶段，关注该技术领域研发的创新者不多。最早的专利检索技术领域的专利申请是"专利信息检索装置"（JPS63123164 A），该专利于1986年在日本申请。2000年以后，各主要国家或地区在专利信息检索技术领域的专利申请均呈现快速增长的态势。我国在该技术领域申请了最多的专利，共计185件；紧随其后的是美国，共有92件专利信息检索技术领域的专利申请；日本在该技术领域有68件专利申请，而欧洲也有10件相关专利申请。

从专利申请的发展态势上看，2000年之后专利信息检索技术领域的专利申请数量的增长，一方面反映了专利制度和专利战略管理在各国中的应用不断深入，越来越多的创新主体意识到专利信息利用和专利情报的重要价值，另一方面反映了在知识经济背景下全球主要国家或地区技术创新发展对专利情报和专利信息检索的需求不断增强。因此，有越来越多的创新主体开始专注于专利信息检索领域的技术开发和专利保护。而我国在该技术领域专利申请的增长则在很大程度上得益于《国家知识产权战略纲要》等政策的推动。

从专利申请的数量和种类以及内容上看，专利信息检索技术领域的技术开发大致可以划分为以下三个阶段：第一阶段（20世纪90年代），专利数据库的构建阶段。这一阶段的数据库技术不断发展，专利信息检索领域的技术开发主要是对专利数据进行采集、建库和基于数据库的统计分析。第二阶段（2000—2010年），专利文献的检索阶段。在这一阶段，专利信息检索领域的技术开发主要是面向快速且准确地检索出所需要的专利情报，诸如专利无效性检索、专利跨语言检索等技术在这一阶段也相继出现。第三阶段（2010年之后），专利文献分析阶段。当前这一阶段数据挖掘和自然语言处理技术正不断发展，推动着专利信息检索领域的相关技术也日趋成熟，诸如专利技术功效分析、专利聚类分析和专利质量分析等相关技术的应用进一步加强了专利信息检索技术的功能。

表1 主要国家或地区专利检索分析专利申请情况一览表

	专利总量	2000年之前	2001—2010年	2011年至今	主要专利权人
美国	92	0	55	37	Black Hills IP Holdings, LLC
日本	68	11	43	14	Nippon Telegraph & Telephone Corp.
欧洲	10	1	8	1	Sunonwealth Electric Machine Industry Co
中国	185	0	55	130	Hon Hai Precision Industry Co., Ltd.

（二）专利信息检索技术申请人 IPC 分析

专利申请人分析是研究特定技术领域创新竞争力分布的重要工具，通过专利申请人分析可以了解特定技术领域的主要创新主体，而申请人的专利数量差异反映了技术创新能力的差异，申请人的专利类型和授权的数量差异反映了技术创新能力和质量的差异，申请人的 IPC 分布差异则反映了技术创新方向上的差异。表 2 列示了全球专利信息检索技术领域的主要申请人及其专利申请的 IPC 分布情况。从表 2 中可以看出，这些主要申请人可以分为两类，一类是知识产权运营及服务机构，包括黑山知识产权控股有限公司（Black Hills IP Holdings，LLC）、施韦格曼·伦德伯格和沃斯纳专利事务所（Schwegman，Lundberg ＆ Woessner，P. A.）、集成搜索国际有限公司（Integral Search International Ltd.）和长沙麓智信息科技有限公司（Changsha Luzhi Information Technology Co.，Ltd.）等。对这类申请人而言，因为专利信息检索已然属于他们的主营业务范围甚至核心竞争力，所以他们在该领域开展技术开发具有较好的业务基础支撑，也更了解该领域技术研发的市场需求和创新方向。而另一类则是主营 IT 业务的企业，包括鸿海精密工业有限公司（Hon Hai Precision Industry Co.，Ltd.）、微软公司（Microsoft Corporation）、日本电报电话株式会社（Nippon Telegraph ＆ Telephone Corp.）和建准电机工业股份有限公司（Sunonwealth Electric Machine Industry Co.）等。对这类申请人而言，他们在专利信息检索技术领域的研发和创新一方面反映了他们在信息技术领域所拥有的坚实研发基础，另一方面反映了创新驱动背景下专利信息检索领域的市场空间。

国际专利分类（IPC）是目前唯一国际通用的专利文献分类和检索工具，[①]通过 IPC 分析，可以了解特定创新领域科技成果的技术分布。通过表 2 可以看出专利信息检索技术领域主要专利申请人的专利 IPC 构成。这些主要申请人在专利信息检索技术领域的专利申请主要集中在 G 部，其中 G06F（专利信息电数字数据处理）的专利数量最多，占全球专利总量的 83.8%。此外，G06K（专利数据识别、专利数据表示、记录载体、记录载体的处理）和 G06Q（专门适用于专利管理、监督或预测目的的数据处理系统或方法），以及 H04L（数字信息的传输）等技术领域也集中了较多的专利申请。可以认为，表 2 中所列的这些技术是专利信息检索技术研发的关键和热点领域。

---

① 张素娟、王彦峰、董洁等：《全球栀子技术专利分析及创新趋势研究——基于 Innography 平台》，载《世界科学技术-中医药现代化》2019 年第 8 期。

表2　全球专利信息检索技术领域主要申请人及其专利IPC分布

主要申请人	黑山知识产权控股有限公司(Black Hills IP Holdings, LLC)	长沙麓智信息科技有限公司(Changsha Luzhi Information Technology Co., Ltd.)	鸿海精密工业有限公司(Hon Hai Precision Industry Co., Ltd.)	集成搜索国际有限公司(Integral Search International Ltd.)	微软公司(Microsoft Corporation)	日本电报电话株式会社(Nippon Telegraph & Telephone Corp.)	施韦格曼·伦德伯格和沃斯纳专利事务所(Schwegman, Lundberg & Woessner, P.A.)	建准电机工业股份有限公司(Sunonwealth Electric Machine Industry Co.)
G06F	16	8	16	12	7	14	11	29
G06K		1			10			
G06Q				3		2		
H04L					1			

(三)专利信息检索技术高强度专利技术分析

通常认为,专利价值可以表征为技术价值、经济价值、市场价值、权利价值、私人价值和社会价值等多种角度或形式,[①]专利强度(Patent Strength)也是一种从技术、经济和法律多个方面反映专利价值的综合性指标。[②] 高强度专利分析是Innography的核心功能之一。Innography在考量专利强度的时候,综合了权利要求数量、引用与被引用次数、是否涉案、专利时间跨度、同族专利数量等多个指标因素的作用影响。因此,通过专利强度分析功能,可以快速地从海量专利文献中挖掘出特定技术领域的核心专利,有助于判断该技术领域的创新方向和研发重点。[③]

表3列示了专利信息检索技术领域的TOP10高强度专利。通过对专利所涉及的技术方案进行挖掘和分析可以发现,专利信息检索技术领域的高价值专利主要聚焦于专利信息检索的检索、可视化、分析和存储等专利信息检索的技术环节。其中检索和分析是专利信息检索的核心环节,主要通过不断地从技术层面改进检索方法和分析路径,从而提高专利信息检索的效率。而存储和可视化环节是专利信息检索的辅助技术,涉及该环节的技术改进有助于提高专利信息检索与分析的质量。

---

① 万小丽、朱雪忠:《专利价值的评估指标体系及模糊综合评价》,载《科研管理》2008年第2期。

② 汪治兴、付钦伟、杜启杰:《基于德尔菲法的专利强度评估模型构建》,载《企业科技与发展》2019年第6期。

③ 黄春晓、马莹莹、马红丽:《基于Innorgraphy营造林机械的专利分析》,载《林业机械与木工设备》2020年第6期。

表 3　高强度专利检索分析专利 TOP10 列表

专利公开号	专利所有人	专利强度	关键技术点
US8065307B2	Microsoft Technology Licensing，LLC	91	基于评分的自然语言处理系统(score based natural language processing system) 文件内容计分与解析(document content scoring and parsing)
US7904453B2	Poltorak Technologies LLC	91	专利有效性分析(analyzing patent claim validity) 上下文相关性决定(deterniningcontextual relevance)
US9798767B1	IVP Holdings III LLC	91	引文分析迭代搜索(iterative searching and citation analysis) 应用程序编程接口(application programming interface，API)
US10268731B2	Black Hills IP Holdings，LLC	91	扩展作品集(expanded set portfolio)
US8161025B2	Schwegman Lundberg & Woessner，P.A.	90	主题提供系统(subject matter provides systems)
US7823061B2	Patsnap Limited	90	文本分割和显示(text segmentation and display)
US7890851B1	Individual（Harold W. Miltion，Jr.）	90	独立权利要求处理器(independent claim processor) 多权利要求处理器(a multiple claim processor) 引文号处理器(a reference number processor) 附图引号存储器(figure number memory) 文件撰写模板存储器(drafting template memory)
US9201956B2	Schwegman Lundberg & Woessner，P.A.	90	实施例提供相关技术(further embodiment provides)
US6748398B2	Microsoft Technology Licensing，LLC	90	相关性最大化、迭代最小化、相关性反馈、基于内容的图像检索[relevance maximizing, iteration minimizing, relevance-feedback, content-based image retrieval（cbir）]
US7546293B2	Microsoft Technology Licensing，LLC	90	提炼技术(refinement technique)

就检索环节所涉及的技术方案而言，高价值专利主要是通过包括迭代、映射、图像相关性反馈等技术改进检索方法，以提高专利信息检索的全面性和准确性。其中迭代技术以 US9798767B1 专利为代表，该专利通过使用应用程序编程接口（API）来迭代地找到与专利相关的出版物，为专利信息检索打通了不同专利文本之间的隔阂，

使得专利信息检索范围更广。而专利映射技术以 US8161025B2 专利和 US9201956B2 专利为代表,两项专利都通过映射专利文件和权利要求,加强了检索过程中专利文献内部信息的关联性。图像关联性反馈技术以 US6748398B2 专利和 US7546293B2 专利为代表。US6748398B2 专利使用贝叶斯分类器基于内容相关性反馈的技术方式实现了准确和有效的图像检索,US7546293B2 专利同样是基于相关内容图像的相关性反馈技术,但其实现了专利文献中实施例图像的语义相关性反馈的迭代次数最小化,同时使每个迭代的结果相关性最大化。该两项专利所代表的图像关联性反馈技术使专利信息搜索的范围从文本扩展到图像,并加强了专利文本和图像之间的联系,大大提高了专利信息的检索效率。

就分析环节所涉及的技术方案而言,高价值专利主要是通过优化分析路径以促进专利分析的有效性,其中就包括自动分析专利文献有效性的系统和度量比较分析技术。自动分析技术以 US7904453B2 专利为代表,该专利以嵌入式代码的计算机系统为基础实现自动分析专利文献权利要求有效性的功能;度量比较技术以 US8065307B2 专利为代表,该专利采用包括从自然语言处理系统生成的分数,基于分数相似性比较对专利主题相似性进行评估。这些相关技术有助于提高专利信息检索的效率。

就信息存储和可视化环节所涉及的技术方案而言,高价值专利主要是以辅助检索的形式通过技术手段提高专利信息检索的效率。其中以 US10268731B2 专利为代表的专利存储组合数据库技术,通过计算机技术手段实现专利组合与专利数据在信息存储环节的关联;以 US7823061B2 专利为代表的专利信息显示系统和方法,通过计算机程序的分段式搜索引擎过渡短语或其他字符串,以树状结构显示,从而实现更高效率专利信息处理;以 US7890851B1 专利为代表的专利申请文件自动撰写技术,该技术方案将程序嵌入专利信息检索系统当中,以存储和复制专利文件的标准字段格式和段落模板,进而实现专利申请文件的自动撰写。

(四)专利信息检索技术高被引专利技术分析

被引专利是一件专利公开以后被其后面的专利引用,专利被引的次数多少直接反映了该专利技术在特定技术领域内的影响力或重要性程度。高被引专利是指被引次数较多的专利,这些专利通常被认为在特定技术领域具有明显的重要性或较大的影响力,是该特定技术领域创新发展的重要技术基础。[1][2]依此可以认为,专利被引次数是测度技术影响力最直观的指标。如果一项专利被引用次数越多,则表示该专利

---

[1] Nicholas T, The Role of Independent Invention in US Technological Development, 1880-1930, *Journal of Economic History*, 2010, Vol.70, Issue 1, pp.57-82.

[2] Silverberg G, Verspagen B, The Size Distribution of Innovations Revisited: An Application of Extreme Value Statistics to Citation and Value Measures of Patent Significance, *Journal of Econometrics*, 2007, Vol.139, Issue 2, pp.318-339.

可能具有更高的技术价值或质量。① 专利权人也更愿意为其所拥有的高被引专利支付维持费用，从而保证高被引专利所涉及的技术方案得到更长的专利保护期限，因此，专利的被引次数与其经济价值存在明显的正相关性。② 表4列示了专利信息检索技术领域的TOP10高被引专利技术。从表4中可以看出，专利信息检索技术领域的高被引专利聚焦于解决专利信息检索环节所涉及的技术方案，这些专利主要可以划分为两大类：

第一大类是以提高专利信息检索精确度为目的的基础技术方案，包括突破单一专利文本限制、增强专利文本语义间联系，以及通过特殊的分类匹配方法与度量标准等专利信息检索的技术解决方案。比如US20040064438A1专利采用短语频率分析和短语共现分析技术为手段实现文本搜索，进而实现文本搜索功能最为基础也最为重要的技术方案。该方案属于以语义逻辑为基础，优化文本搜索的技术类型。而US20040015481A1专利则是以数据挖掘为基础逻辑，通过专利信息检索表达式生成器、矩阵生成器与图形生成器之间的交叉查询，不断迭代专利文本信息，从而使得专利检索结果更加全面和精确。数据挖掘技术已经成为当前提高专利信息检索效率的重要技术工具，因此，这些专利所体现的以模块构建进行数据挖掘的方式已经得到了广泛的借鉴和应用。此外，高被引专利也提供以改进专利信息检索系统内自设的专利信息检索方法来提高专利信息检索精准率的技术方案。其中包括直接采用度量标准进行分类和间接采用特殊分类匹配方法两种方式。前者以US20080154848A1为代表，该技术方案基于自然语言处理系统生成的分数，依据分数的相似性进行分类，然后以相似分数的接近程度为度量标准对专利文本信息进行评价和分类。而后者则是以US20080086432A1为代表，该技术方案借用特殊的通配符号或标识符号的使用，依据文档分类技术对专利文件进行分类，或者将专利文件与权利要求进行匹配。

第二大类是通过图像反馈或终端连接方式以优化专利信息检索系统的使用为发明目的的技术方案，其中就包括以算法促进图像类专利文件的准确和有效检索，如专利US20050131951A1涉及的技术方案是基于内容相关性反馈的技术以增强图像检索的准确性，而该技术已然成为以专利地图为代表的专利可视化的重要技术支撑。另外，该类技术还包括通过增加客户终端技术以联结不同语种和地区的专利信息，以解决国际不同地域专利信息查询所面临的技术困境。再如专利US6571241B1涉及的技术方案即是通过网络连接客户终端信息检索装置，提供了一种可以实现

---

① Trajtenberg M, A Penny for Your Quotes: Patent Citations and the Value of Innovations, *Rand Journal of Economics*, 1990, Vol.21, Issue 1, pp.172-181.

② Harhoff D, Narin F, Scherer M, Vopel K, Citation Frequency and the Value of Patented Inventions, *Review of Economics & Statistics*, 1999, Vol.81, Issue 3, pp.511-515.

让外国人接入使用的专利信息检索系统。

表 4 专利信息检索技术领域 TOP10 高被引专利

专利公开号	权利所有人	被引次数	关键技术点
US6886010B2	Navy, the United States of America as represented by the Secretary of the Navy	296	文本挖掘技术（text mining）
US20040064438A1	Navy, United States of America, As Represented By The Sec'y of The	274	不对称检索字段（asymmetry search terms）
US6571241B1	Mazda Motor Corporation (A Corporation of Japan)	194	跨语种信息检索装置（multilingual information search apparatus）
US20040015481A1	Zinda Kenneth	183	表格检索表达式生成器（tabulated query generator） 多维检索表格（multi-dimension spreadsheet）
US20050131951A1	Microsoft Technology Licensing, LLC	152	相关性最大化、迭代最小化、相关性反馈、基于内容的图像检索〔relevance maximizing, iteration minimizing, relevance-feedback, content-based image retrieval (cbir)〕
US20080086432A1	Kofax, Inc.	105	机器学习技术（machine learning techniques）
US20080154848A1	Microsoft Technology Licensing, LLC	100	基于自然语言处理系统的计分（score based natural language processing system）
US20020122596A1	Microsoft Technology Licensing, LLC	96	分层、概率、局部、语义图像分类器（hierarchical, probabilistic, localized, semantic image classifier）
US20020169743A1	General Electric Company	72	基于网络的焦点检索（web-based focus search）
US8065307B2	Microsoft Technology Licensing, LLC	67	专利文件内容的解析、分析和评分（parsing, analysis and scoring of document content）

（五）专利信息检索技术专利地图分析

专利地图（patent map）是一种专利分析研究方法和表现形式，通过对专利文献中包含的技术信息、经济信息、法律信息的深度挖掘与缜密剖析，将蕴含在专利数据内的大量错综复杂的信息以各种视觉直观的图表形式反映出来，具有类似地图的指向功能。专利地图可以分析技术分布态势、指明技术发展方向。[①]

专利信息检索领域的技术创新主要涉及专利检索（patent search）、检索表达式（search query）、检索结果（retrieval result）、专利文件（patent documents）、专利文献（patent literature）、计算机系统（computer system）、专利数据库（patent database）、国际检索报告（International Search Report）等领域。表5列示了专利信息检索技术领域专利所涉及的主要技术要点。从表5中可以看到，专利信息检索技术创新的主要技术方案涉及专利信息检索表达式和检索结果可视化以解决专利信息检索的范围不完整和信息不充分的技术问题。为此，文件捕获技术方案的创新发展有助于解决专利信息检索范围的技术需求，数据挖掘技术方案的应用则有助于增强专利文献内部或专利文献之间的信息提取，而专利信息检索结果的分类处理技术也对专利信息检索的质量产生了直接影响。此外，不同的专利信息处理方式产生的检索结果具有较大差异，显著增加技术则可以根据专利信息检索的要求，实现对专利信息实现加权处理，进而满足个性化制定分类标准对技术的需求。转换模块技术则是一种对专利信息表达式进行重构的技术方案，通过该技术可以实现专利信息分析结果更加具体并满足实际需求的技术效果。沟通与维护环节虽然不是专利信息检索的核心过程环节，不对专利信息检索结果构成直接影响，但也是专利信息检索工作不可或缺的部分。比如数据传输与管理模块技术可以为预处理专利信息和已处理专利信息的储存与维护提供技术支持，区域选择技术与评价交易技术可以为已处理专利信息的进一步应用提供再加工技术支撑，文件系统技术可以为专利信息的整合和维护提供技术方案的选择。这些以专利信息检索系统为载体的非典型性专利信息检索相关技术有助于理解决专利信息的稳定性，满足专利信息检索结果在技术领域划分和专利交易准备等专利信息检索派生的现实需求。

表5 专利信息检索技术领域专利所涉及的主要技术要点

主要技术内容	主要专利权人	代表性专利技术
文件捕获技术（captured document）	Paitrix Co. Ltd., Industrial Technology Research Institute	技术文件获取和专利技术领域及方法（US20090244556A1）
显著增加技术（remarkably increasing）	Wert Intelligence Co., Ltd.	专利分类的方法和系统（KR20180099402A）

[①] 张娴、高利丹、唐川等：《专利地图分析方法及应用研究》，载《情报杂志》2007年第11期。

续表

主要技术内容	主要专利权人	代表性专利技术
转换模块技术(converting module)	Hon Hai Precision Ind. Co. Ltd.	显示专利分析信息的系统和方法（US20040080524A1）
数据传输与管理模块技术（data transmission and management module）	Anhui Qinmian Information Technology Co., Ltd.	一种知识产权评估系统（CN108694495A）
文件系统技术(file system)	Nri & Ncc Co Ltd	专利技术领域及专利分析图的制作方法（JP4050921B2）
区域选择技术（region selection）	Jzmc Intellectual Data Science & Technology Co., Ltd.	申请人区域排名技术领域和分析方法（CN101996173A）
数据挖掘技术(data mining)	Hefei Jizhiwang Intelectual Property Operation Co., Ltd.	一种基于先验数据挖掘算法的大数据专利管理系统（CN107464194A）
评价与交易技术(appraisal and transaction function)	Anqing Yangzhi Information Technology Co., Ltd	有专利分析,评估具有专利交易功能的知识产权智能系统（CN106097186A）

四、研究结论：专利信息检索技术领域的创新与发展方向

在知识经济迅猛发展和信息技术日趋成熟的背景下,传统的主要依靠人工开展的专利信息检索工作无法满足海量专利文献和越发复杂多元的专利情报需求,从而催生了越来越多的面向专利信息检索的技术方案和创新成果。本文从专利信息检索和挖掘的角度,探讨专利信息检索技术的创新发展态势。研究表明：

(1)面向专利信息检索的技术创新成果在21世纪得到了快速的发展和积累,日本在该技术领域的研发起步相对较早,而中国和美国则发展较快。这些国家在该技术领域的创新研发比较活跃,也取得了较多的研发成果,而建准电机工业股份有限公司等公司在该技术领域的研发创新中处于相对优势的地位。

(2)专利信息检索领域的技术分析表明,一方面,专利信息检索领域的相关技术主要集中在电数字数据处理、数据识别表示、信息传输等技术领域,其中的重要专利技术较多地集中于解决专利信息检索过程中的检索、可视化、分析、存储等环节所提出的技术需求上,以提高专利信息检索过程中的精确度并扩大专利检索范围。而如何通过技术手段提升和优化专利信息处理能力,改进专利信息检索方法,解决专利信息检索过程中的检全率和检准率,也将成为未来专利信息检索领域技术开发的重要

方向和内容。另一方面,以人工智能(AI)为代表的新一轮信息技术相关创新成果将会在专利信息检索工作中得到快速广泛的应用,人工神经网络、集成机器学习和云计算等信息技术将有助于提高专利信息检索的效率。

(3)专利信息检索技术的市场分析表明,专利信息检索与产业创新发展相互融合是整个专利数据库技术市场的创新方向。鼓励创新主体或相关机构利用新兴技术,探索面向个性化、专业化和高附加值专利信息服务的技术开发,探索面向专利信息检索的协同创新机制和模式,并从创新研发活动到创新成果权利化及产业化等多个环节,为战略性新兴产业实施专利信息检索并促进协同创新工程提供技术支撑。

(4)专利信息检索技术未来的创新路径。对于专利数据库技术创新领域,有研发基础和实力的创新主体应当通过加强在专利信息检索和分析的核心环节的自主创新,实现重要技术的突破,提升技术竞争力;对该技术创新领域的新进入者而言,则将创新的重点放在专利信息检索派生需求的领域开展技术开发和专利布局,并结合现有专利信息检索关键技术,有效整合专利信息资源、创新资源和服务资源,开发面向商用化的专利技术应用转化平台及相关技术。

本文通过专利情报挖掘的工具利用,对专利信息检索活动中的技术创新态势进行分析,了解专利信息检索活动中可以利用的主要技术手段,可以解决的主要技术问题或者取得的主要技术效果,从而为相关企业了解专利信息检索或者开展相关技术的研发创新,提供技术参考或思路启迪,同时也可以为该技术领域的科技成果转化或技术管理提供情报信息和决策支持。但需要强调的是,专利是一种以公开换取保护的制度安排,而保护技术创新成果的法律手段,除了专利以外,还有以不公开为保护条件或原则的商业秘密等相关法律制度。所以,对企业的技术创新情报分析与利用而言,如果仅依赖专利数据,也有可能导致信息的不完整或信息的不准确。因此,在探讨专利情报分析的同时,应当对论文等其他技术情报给予足够关注,并综合多种情报信息源,绘制更加完整的面向专利信息检索技术的知识图谱,这将是未来的重要研究内容。

区块链电子存证司法适用的现实困境与完善路径
——基于463份判决书的实证分析*

孟奇勋　刘宇腾[**]

摘　要：在知识产权侵权纠纷案件中，电子证据的效力认定往往成为争议焦点。区块链难以篡改、可追溯等特征，在电子证据的司法认定中具有重要价值。最高人民法院2021年发布《人民法院在线诉讼规则》，初步明确了区块链电子存证的效力范围和审查标准，并在2022年《人民法院在线运行规则》中对区块链存证作为智慧服务系统进一步予以确认。各级法院自建证据平台作用日益凸显，第三方区块链存证平台也逐渐发展。在实践中，区块链电子存证的适用仍然存在真实性审查规则不统一、存证平台公信力缺失、配套法律制度不完善等隐忧。鉴于此，有必要进一步优化区块链存证真实性审查规则，构建统一的司法存证联盟链，强化区块链存证法律保障，提升区块链电子存证司法适用效能。

关键词：数字版权；区块链；电子证据；证据审查

The Practical Dilemma and Improvement Path of Judicial Application of Blockchain Electronic Storage:Empirical Analysis Based on 463 Judgments
Meng Qixun　Liu Yuteng

Abstract：In intellectual property infringement cases, the validity of electronic evidence often becomes the focus of controversy. Blockchain is of great value in the judicial identification of electronic evidence which is difficult to tamper with and traceable. In 2021, the Supreme People's Court issued The Rules of Online Litiga-

---

* 基金项目：教育部人文社科基金项目"区块链视角下数字音乐版权治理路径研究"（编号：19YJC820044）,大学生省级创新训练项目"数字版权区块链电子数据存证司法适用路径研究"（编号：S202110497040）。

** 孟奇勋，男，武汉理工大学法学社会学院副教授；刘宇腾，男，中南财经政法大学知识产权学院硕士研究生。

tion of People's Courts, which initially clarified the validity scope and review criteria of blockchain electronic storage, and further confirmed blockchain storage as an intelligent service system in The Rules of Online Operation of People's Courts in 2022. The role of self-built evidence platforms of courts at all levels is becoming increasingly prominent, and third-party blockchain storage platforms are also gradually developing. In practice, the application of blockchain electronic storage still has some hidden problems, such as inconsistent authenticity examination rules, lack of credibility of the storage platform, and imperfect supporting legal system. In view of this, it is necessary to further optimize the verification rules for the authenticity of blockchain storage, build a unified judicial storage alliance chain, strengthen the legal guarantee of blockchain storage, and improve the judicial application efficiency of blockchain electronic storage.

Key Words: digital copyright; blockchain; electronic evidence; review of evidence

区块链作为分布式数据存储、点对点传输、共识机制、加密算法等计算机技术的新型应用模式,具有去中心化、不可篡改、全程留痕、可以追溯等特点。[①] 近年来,区块链电子存证在智慧司法领域的应用场景备受关注,涌现出大量引入区块链存证解决诉讼纠纷的案例,其中,既有杭州"区块链存证第一案"[②]效力认定的案例指引,又有文天华诉淘宝案[③]中法院以不符合证据采信规则而未对区块链证据予以确认的不同情形。司法实践表明,区块链证据在厘清涉众复杂案件事实、运用海量异构证据办案与提升智慧司法水平等方面独具价值。[④] 在此背景下,仍亟待解决如下关键问题:一是司法实践中区块链电子存证与传统的电子证据类型相比具有哪些内在特征;二是区块链电子存证的司法适用存在哪些不足;三是如何进一步优化区块链电子存证的司法适用效能。

一、区块链电子存证司法适用的价值考量

区块链兼具技术与制度、创新与驱动的二元特征,为司法存证、知识产权、智慧金

[①] 袁勇、王飞跃:《区块链技术发展现状与展望》,载《自动化学报》2016年第4期。
[②] 杭州华泰一媒文化传媒有限公司与深圳市道同科技发展有限公司侵害作品信息网络传播权纠纷案,参见杭州互联网法院民事判决书(2018)浙0192民初81号。
[③] 文天华与周子为、浙江淘宝网络有限公司著作权权属、侵权纠纷案,参见浙江省杭州市余杭区人民法院民事判决书(2020)浙0110民初1172号。
[④] 刘品新:《论区块链证据》,载《法学研究》2021年第6期。

融等诸多行业提供升级新动力、赋能行业新发展,契合司法存证的实践需求和发展方向。① 面对电子证据基数大、认定困难的现实情况,区块链电子存证独特的技术特征是其适用于司法实践的底层逻辑,区块链相关规则的构建是其适用于司法的制度之基,第三方存证平台的建设则为区块链存证的司法适用提供了实践前提。对各级法院建设的司法联盟链和存证平台进行考察,透过电子证据特点,结合区块链技术特征,解构经该方法存储的证据何以自我鉴真及认证的法理基础,对数字时代平衡司法公平与效率具有深刻意义。②

(一)高度耦合:区块链技术与司法证据审查

对证据的认定通常从真实性、合法性、关联性三个维度进行审查。相较于其他证据种类,电子证据由于其特有的存储媒介和形式,导致其脆弱且易篡改。特别是当篡改行为已经发生时,对证据篡改行为的识别尤为困难。正因为如此,电子证据的认定问题日益成为诉讼争论的焦点。③ 随着数字技术对物理空间信息存储方式的变革,电子数据的技术性需求与司法实践的转化式适用产生了不可调和的矛盾。此类问题若得不到妥善解决,将加大权利人维权成本,有损激励创新的立法初衷。司法区块链的制度化建构为电子数据的线上化证明提供了"区块链+司法"的全新发展方向。④ 区块链作为保全新兴电子证据的重要工具,通过共识机制、签名验签、链式存储结构等技术应用,在可信时间戳认证的同时,将电子数据储存于区块链结点之上并配备固定的哈希值,从而确保链上证据难篡改、难丢失、可追溯。相较于传统的电子证据,区块链技术自身特点使得以其为介质的证据在上链后具有天然的高度真实性;同时,区块链技术的共识机制可以实现保证链上证据的相互关联,形成完整证据链,规避一般电子证据高度分散从而导致关联性较弱的缺陷。因此,将区块链技术应用于诉讼活动,有助于降低电子证据的认定难度,提升电子证据审查效率,节约诉讼成本。

(二)相图相生:区块链电子存证的规范理据

作为未来数字经济的核心底层支持技术,区块链技术被纳入"新基建"并被连续写入"十三五"和"十四五"国家信息化规划。2016年10月,工信部发布的《中国区块链技术和应用发展白皮书(2016)》,首次提出在司法取证中运用区块链技术证明一段文字、视频、音频等存在性、真实性和唯一性的可行性。最高人民法院在2018年发布的《关于互联网法院审理案件若干问题的规定》,首次认可区块链为收集、固定和防篡

---

① 黄鹏:《区块链保障证据真实性:技术与需求的契合》,载《大连理工大学学报(社会科学版)》2021年第4期。
② 伊然:《区块链存证电子证据鉴真现状与规则完善》,载《法律适用》2022年第2期。
③ 刘品新:《论电子证据的理性真实观》,载《法商研究》2018年第4期。
④ 孙梦龙:《司法区块链视域下电子数据的线上化证明》,载《河南财经政法大学学报》2022年第2期。

改数据的证据留存技术手段,为区块链技术的司法适用提供了法律规范。此后,各级法院、行政机关结合实践中涉及的商业存证平台效力、区块链证据真实性等相关问题,针对性地出台了相应的行政性措施和规范性文件,形成了以地方性法规为基础,行政规范相结合的区域性适用审查模式。① 伴随着实践的深入和新形势的变化发展,最高人民法院于 2020 年 5 月和 2021 年 5 月相继出台了《关于民事诉讼证据的若干规定》《人民法院在线诉讼规则》等规范,进一步对第三方存证平台的存证效力进行了认可,明确了区块链存证活动上链前与上链后的真实性审查认定规则,从而进一步助力区块链电子存证审核标准的统一与规范。2021 年 9 月,中共中央、国务院发布的《知识产权强国建设纲要(2021—2035 年)》中有关"建立统一协调的证据规则"的论述,从国家战略高度对区块链电子存证制度规则的构建提出了新的要求。2022 年 2 月最高人民法院发布的《人民法院在线运行规则》,提出了构建"智能法院信息系统"。其中,以区块链技术为依托的在线保全系统和司法区块链平台均被涵盖其中,区块链存证技术正在完成从新兴技术向常规诉讼应用技术的快速转型。

(三)相得益彰:区块链存证平台建设与发展

相较传统的电子证据的存储固化方式,区块链技术因其特有的技术要求,使得其对运营平台的资质要求较为严格。在实践中,区块链技术应用主要表现为以司法权威背书的司法联盟链和以市场公信力为基础的商业联盟链两种模式。司法联盟链是以人民法院为管理共识节点,同时接入公证处、司法鉴定中心、商业平台的一般共识节点的区块链条,其主要功能是无偿服务于司法活动,提升司法审批效率。典型代表为互联网法院建设的"司法区块链""天平链""网通法链"等。截至 2021 年年底,司法区块链上链存证高达 17.1 亿条,可谓使用众多、规模庞大;其他由各级人民法院主导建设的 6 个电子证据平台亦开始提供区块链存证服务,区块链存证平台建设逐步实现级别和地域两个维度的更广泛覆盖。② 而商业链平台普遍成立于 2016 年前后,通过对接地方仲裁委、司法鉴定中心,进行区块链司法适用的技术和模式探索。2019 年国家网信办公布首批区块链信息服务备案名单,标志着区块链商业存证得到了国家认可并形成行业规模。商业链基于其商业信誉,通过商业市场化运营,提供侵权取证、确权存证、作品登记等有偿服务,以诉讼第三人的身份进行电子证据保全等相关业务。相比法院存证平台对诉讼环节的专注,第三方商业平台可以对版权保护和维权提供更具针对性的产品或服务,实现版权保护的全流程覆盖(如表 1 所示)。

---

① 史明洲:《区块链时代的民事司法》,载《东方法学》2019 年第 3 期。
② 韩康:《论区块链存证的模式——"第三方存证"与"自主存证"之比较》,载《学术探索》2021 年第 10 期。

表 1　司法联盟链和商业联盟链特征对比

比较对象	司法联盟链	商业联盟链
创建主体	人民法院	互联网企业
接入主体	公证处、司法鉴定所、企事业单位	企业、仲裁委、高等院校
公信力来源	司法权威	行业资质
业务范围	电子证据保全、验证	证据固化存储、区块链融媒体、版权ABS
证据采信度	相对较高	相对较低

二、区块链电子存证司法适用的实践样态

在威科先行（Wolters Kluwer）法律数据库以"区块链""区块链存证""时间戳"等关键词进行检索，设置时间段为 2018 年 6 月至 2022 年 3 月，限定案由为著作权权属、侵权纠纷，共获取 463 份判决书。通过对这些判决书进行分析归纳，可以发现在数字版权相关案件中，侵犯信息网络传播权案件（占样本数据的 74%）的占比最高（如图 1 所示），存证客体以文字作品（占样本数据的 63%）和摄影作品（占样本数据的 34%）为主（如图 2 所示），证明目的则集中用于反映侵权事实。法院对区块链证据的审查和认定具有如下特点。

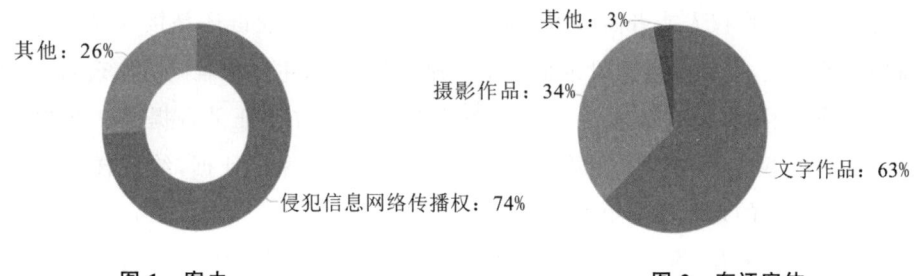

图 1　案由　　　　图 2　存证客体

（一）证据效力认可程度高

法院是否对区块链证据予以采信，主要从真实性、合法性和关联性三个维度进行审查。根据 463 份判决书的数据，审查依据主要包括：一是运用法院接入的司法联盟链对电子证据进行在线校验（占比 76%）；二是诉讼当事人提交的由区块链存证平台出具的电子数据取证证书（占比 45%）；三是公证机构对区块链证据出具的电子公证书和电子数据确认函（占比 49%）。其中，37% 的当事人提供了上述两种或以上的证据材料，另有 6% 的判决由于被告自认存在侵权行为或侵权事实仍未删除，法院直接

认可了区块链证据的效力。

对区块链平台电子存证的证据采信进行考察，主要有4种情形：直接采信证据、直接排除证据、审查采信证据和审查排除证据。在样本数据中，仅在4个判决中（约占样本数据的1%）法院对区块链证据作出不予采信的认定，其他法院均对涉案区块链证据予以采信（约占样本数据的99%）。剖析4个证据效力未获得采纳的判决，法院的裁判理由均认为其取证和检验的过程不合规。这表明人民法院本身对区块链技术并不排斥，甚至秉持接受与认可的态度，由此可见，区块链电子存证的证据效力得到了司法实践的充分认可（如图3所示）。

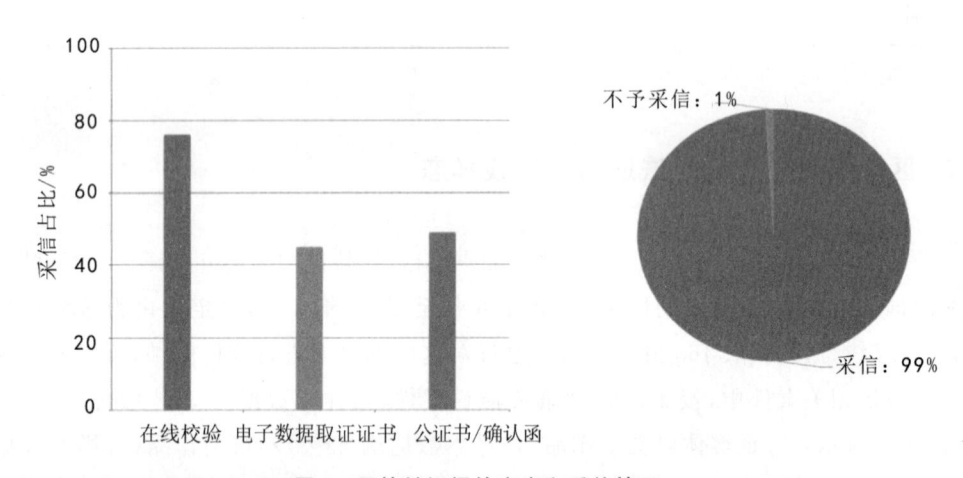

图3 区块链证据的审查和采信情况

（二）主要依托第三方平台

现阶段对著作权人或者商事主体而言，无论是自建商业链还是接入联盟链都有较高的技术门槛，链和节点建设维护成本高昂，存证需求主体很难同时实现自主建链和自主存证。因此，现有区块链存证业务主要由第三方存证平台提供。在检索的463份判决中，仅3份判决采用第三方存证以外的方式保存证据，约占样本数据的0.6%，超过99%的判决通过第三方平台进行存证。

从设立目的来看，第三方存证平台的性质为营利性市场主体，存证平台是否具有开展存证业务的相应资质和技术能力，是否具有中立性且与当事人之间不存在特定的利害关系，都是直接关系司法审判中区块链电子证据效力认定的重要因素。对方当事人也往往从平台资质和公信力角度对区块链证据的真实性、合法性提出质证意见。在463份判决中，有51个判决当事人就存证主体问题提出质证意见（占样本数据的11%）。其中，有23个判决法院对主体问题进行了审查并对质证意见予以驳回，27个判决法院未进行审查直接认可主体合法性，1个判决法院审查并采纳了对方当事人质证意见。其余案件则为双方当事人对存证主体无异议或当事人缺席判决未发表质证意见（如表2所示）。

表 2　法院对区块链平台合法性审查情况

审查情况			数量/个	占比/%
无异议或缺席判决			412	89.0
有异议	审查说理	驳回	23	5.0
		采纳	1	0.2
	未说理即驳回		27	5.8

(三)审查依据集中度较高

人民法院在审理著作权纠纷案件时,引用的法律规范聚焦于以下 4 个方面的内容:一是涉案作品著作权归属;二是案件当事人是否存在侵犯著作权以及相关权利的行为;三是审查涉案电子证据的效力;四是侵权赔偿金额的确定。在 463 份判决书中,针对区块链证据的审查依据,主要集中在最高人民法院《关于互联网法院审理案件若干问题的规定》第 11 条(引用 259 次),最高人民法院《关于民事诉讼证据的若干规定》(2019 年修正)第 93 条(引用 4 次)、第 94 条(引用 33 次),《电子签名法》第 8 条(引用 37 次),最高人民法院《关于适用〈中华人民共和国民事诉讼法〉的解释》第 116 条(引用 39 次),《人民法院在线诉讼规则》第 16 条(引用 2 次)。对比其他争议焦点的审理依据,审查区块链电子证据效力的法律依据集中度较高(如表 3 所示)。

表 3　区块链证据审查的法律依据

法律规定		引用次数/次
《关于互联网法院审理案件若干问题的规定》	第 11 条	259
《关于民事诉讼证据的若干规定》	第 93 条	4
	第 94 条	33
《电子签名法》	第 8 条	37
《关于适用〈中华人民共和国民事诉讼法〉的解释》	第 116 条	39
《人民法院在线诉讼规则》	第 16 条	2

三、区块链电子存证司法适用的现实困境

区块链证据处于由 0 和 1 构成的虚拟空间中而无法直接触达,需要借助"机器"

代理才能认知,造成证据的技术壁垒与法官传统审查规则的自然冲突,[①]难以实现从制度信任向机器信任的转变。[②] 在实践中,区块链电子存证司法适用仍存在真实性审查适用规则不统一、区块链存证平台公信力缺失、配套法律制度不完善等隐忧,区块链电子存证的审查和适用面临诸多挑战。

(一)真实性审查适用规则不统一

区块链能确保证据上链后不被篡改,一旦证据在源头及写入环节被篡改,或是取证环节环境的清洁性遭到破坏,那么证据上链与否,以及上链后的真实性将毫无意义。[③] 实践中,各级法院对上链前证据真实性的审查标准不统一,甚至存在直接采信区块链证据的情形。在北京河图公司诉青岛爱尚飞宇公司著作权侵权案[④]中,被告认为原告在取证过程中并未尽检查义务,无法保证计算机系统网络环境的安全。对此,法院在采信原告证据基础上并未对取证环境的清洁性进行说明。此外,部分法院仅对电子存证证书进行审查,不对哈希值进行实质性校验,使得存证证书这一书证易篡改、伪造、变造的风险无限放大。这将使得区块链技术变相成为简单书证,导致高安全性的优势完全丧失。

鉴于当下审查规则尚不统一的现状,为了保证上链前的真实性,当事人会选择"区块链证据+公证"存证模式。在苏州法信公司诉成都文德文化侵害作品信息网络传播权案[⑤]中,当事人首先向北京方圆公证处申请证据公证,并将公证证据进行上链保全。这种存证模式虽确保证据在上链前后均具有高度真实性,但其本质仍是依靠国家公权力为其提供信用背书和权威认定,与传统的电子证据存证模式并无二致,消弭了技术本身具备的司法效率提升与诉讼成本降低的价值,实质上是对区块链存证自身技术价值的一种间接否定。[⑥]

(二)区块链存证平台公信力缺失

关于区块链存证平台的公信力,司法实践中主要包括两种不同情况:一是现阶段已接入司法联盟链的区块链平台,其资质与中立性通常会得到法院认可。在蓝牛仔

[①] 张宇:《技术保障与规则建构:区块链视域下的电子证据适用》,载《南京社会科学》2021年第10期。

[②] 韩旭至:《司法区块链的价值目标及其实现路径》,载《上海大学学报(社会科学版)》2022年第2期。

[③] Lemieux V L., Trusting Records: Is Blockchain Technology the Answer?, *Records Management Journal*, 2016, Vol. 26, Issue 2, pp.110-139.

[④] 北京河图创意图片有限公司与青岛爱尚飞宇网络发展有限公司著作权权属、侵权纠纷案,参见山东省青岛市市南区人民法院民事判决书(2020)鲁0202民初933号。

[⑤] 苏州法信法律咨询服务有限公司与成都文德文化传播有限公司侵害作品信息网络传播权纠纷案,参见江苏省苏州市虎丘区人民法院民事判决书(2018)苏0505民初6328号。

[⑥] 段莉琼、吴博雅:《区块链存证证据的认证分析及完善路径》,载《人民司法》2020年第31期。

公司诉华创汇才投资管理(北京)著作权侵权案[1]中，法院认为版权家为第三方存证平台，跨链接入北京互联网法院天平链系统，对合法性予以确认。二是接入商业链的存证平台，依据《人民法院在线诉讼规则》第17条规定的"存证平台是否符合国家有关部门关于提供区块链存证服务的相关规定"进行审查，其中，对"相关规定"的解读在司法实践中统一指向了国家互联网信息办公室发布的《区块链信息服务管理规定》。该《规定》要求区块链信息服务提供者要履行备案手续。这种备案机制相较于审查机制，无法从实质上保证平台资质。[2] 此外，虽然对上链数据的篡改需要调动区块链上超过51%的算力才能实现，但在完全无中心化监管节点的商业链中，仅依靠平台之间的互相监督是不可靠的。因此，仅根据《区块链信息服务管理规定》审查平台是否具有相关资质，以及平台与当事人之间是否具有利益关系存在一定盲区。基于平台接入不同区块链的事实，如若当事人存证所用的区块链并未接入受案法院区块链系统，将面临跨区块链证据认证的需求。由于跨链证据认定的相关标准尚未完善，存在较大的不确定性，当事人普遍倾向于选择与受案地法院接入相同链条的平台，这也造成区块链平台服务具有较强地域性的特点。但是网络版权侵权往往跨区域，如若要求当事人根据受案法院情况选择存证平台，势必会大大提高存证和诉讼成本，也不利于知识产权的集中管辖与保护。

(三)存证配套法律制度不完善

通过对人民法院引用法条频次的统计，可以挖掘现有区块链电子存证司法适用的现实困境。司法审判中针对区块链证据的审查主要依据一般电子证据规定，缺少适应区块链存证机制的特殊规定。现已出台的区块链存证规则，级别最高的仅有最高人民法院出台的司法解释，诉讼法或人大颁布的其他单行法中尚未涉及对区块链技术和证据的明确规定，且大多属于政策导向型条款，缺乏可操作性，很难作为审判适用规则。目前，对区块链存证司法适用规定最为详细的《区块链信息服务管理规定》，也仅对证据上链前后的真实性认定标准予以明确，而区块链存证技术标准、取证流程规则、证据核验方式、跨链互通等配套规范仍有待进一步细化。同时，规定的适用范围局限于在线诉讼，而对传统线下诉讼却无能为力。在区块链行业标准和技术规范同样不统一的情况下，此种状况无疑对人民法院统一审查规则标准增加了难度。在具体制度构建上，相较于一般电子证据，区块链电子证据极大地减轻了证据提交方的举证责任负累，对异议的要求只笼统规定了"有合理理由的""有相反证据的"两种模糊范围，制度设计仍不够明晰。而区块链证据的取证一般在非公开条件下进行，较

---

[1] 蓝牛仔影像(北京)有限公司与华创汇才投资管理(北京)有限公司案，参见北京互联网法院民事判决书(2019)京0491民初724号。

[2] 蒋鸿铭、吴平平：《〈人民法院在线诉讼规则〉区块链证据规则若干问题探析》，载《法律适用》2021年第7期。

高的技术门槛也存在天然的排异性,在没有专业人士或技术调查官辅助的情况下,当事人提出质证意见和相反证据是较为困难的,如何避免相关规定成为"第二十二条军规"[1],保障双方当事人的举证责任分配不致过度失衡,仍存在制度设计的完善空间。

四、区块链电子存证司法适用的完善进路

区块链证据审查与适用正经历从突破传统法律制度框架,到被法律制度再约束利用的过程。任何证据都存在被伪造变造的可能,关键在于为"技术法律范式"找到可遵循的依据,按特定程序形成内心确信的判断。[2] 基于此,有必要优化区块链证据真实性审查规则,构建统一司法联盟链,强化区块链存证法律保障,创造证据适用和鉴真的安全高效环境,应对司法实践挑战。

(一)优化区块链证据真实性审查规则

著作权侵权纠纷诉讼中的主要证据类型为电子证据,因此,证据审查重点在于对电子证据自身真实性的审查。电子证据的法律状态以上链行为为节点,可分为上链前与上链后两个阶段,针对区块链证据的真实性认定,须根据其法律状态进行审查。上链前证据的真实性审查,应当要求证据提供方对取证环境的清洁性、取证过程的规范性,以及电子数据载体的可靠性作出必要的说明;对运用司法联盟链平台取证或者公证取证的,如有司法权威公信力的支撑,可以直接认定证据上链前的真实性;上链后证据的真实性可借鉴域外司法推定规则,即在区块链平台和联盟链安全可靠的情况下,初步推定链上证据的真实性。[3] 另一方当事人可以进行相应抗辩,通过采取哈希值核验和时间戳记录等技术手段对证据进行检验和重现,进而判断上链证据未经篡改并且时间可信。[4]

针对区块链证据专业性较强,造成的法官审理障碍或一方当事人技术优势过高的问题,可引入智能裁判辅助系统及技术调查官予以解决。通过智能裁判辅助系统对区块链存证进行线上"一键"技术核验,技术调查官针对相关技术问题从客观角度给出专业意见,亦可追加平台方作为证人或第三人,对其技术标准和行业资质给出解释说明,为法官判断证据真实性和技术弱势方当事人提出合理抗辩理由提供帮助。

---

[1] 这里的"第二十二条军规",用来形容规则自相矛盾、不可实现。[美]约瑟夫·海勒:《第二十二条军规》,吴冰青译,译林出版社2012年版。

[2] 段莉琼、吴博雅:《区块链证据的真实性认定困境与规则重构》,载《法律适用》2020年第19期。

[3] Caytas J., Blockchain in the U.S. Regulatory Setting: Evidentiary Use in Vermont, Delaware, and Elsewhere, *Columbia Science & Technology Law Review*, 2017, p.46.

[4] 樊崇义、李思远:《论电子证据时代的到来》,载《苏州大学学报(哲学社会科学版)》2016年第2期。

通过构建标准统一、覆盖全面、公平合理的证据审查规则,将内部的系统环境与外部的法律规制[1]聚焦于真实性审查,区块链电子证据的载体真实性、数据真实性和内容真实性[2]都将得到鉴别与确定,从而有效规避区块链内在技术局限性,进一步降低对行政程序不必要的依赖。

(二) 构建统一的司法联盟链

2020年5月25日,最高人民法院工作报告明确提出"推动大数据、区块链等技术深度应用……建成全国统一司法区块链平台,创新在线存证方式,推动解决电子证据取证难、存证难、认证难问题"。在法院区块链平台和公证机构接入同一司法联盟链的情况下,上链后证据的公信力由国家公权力背书,人民法院作为管理节点进行监督,并对第三方平台存证的哈希值进行同步存储,实现链条技术路线和证据载体的同一,从而解决不同区块链技术标准与取证流程不规范导致的系列问题。[3] 将各链条节点并入统一联盟链,将大幅增加入链节点数量,则外部通过掌握51%以上算力对区块链进行攻击将不可实现,相较于现有商业联盟链和分散的司法联盟链,可有效避免对区块链共识层机制的攻击。[4] 对行业发展而言,在构建统一链条的情况下,区块链存证平台即使与当事人存在利害关系,也不影响存证效力,可以促使有版权保护需求的企业自建参建区块链平台。单链模式也从根本上避免了跨链验证难的问题,有助于现有平台拓展适用范围和应用场景,更好发挥商业平台和社会资本在司法链建设中的作用。

平台系统的整合统一和推广普及是深化社会对区块链存证技术认知不可分割的两条路径。对当事人而言,统一司法联盟链的"红旗效应"有助于增强对新技术应用的认可度和接受度,实现应用场景从侵权事实认定向兼顾原始权利确认的自觉扩展。同时,统一平台将相关司法机构如公证处、鉴定机构、仲裁委等相关单位接入链条构成完整生态,构建链内信任共同体,使当事人存证实现从原有"区块链存证+公证"模式向区块链统一模式转变,降低起诉、应诉难度和成本,实现共建模式下诉讼参与人与司法部门的良性互动。

(三) 强化区块链存证的法律保障

区块链技术突破了原有证据法调整关系的固有模式,需要法律的及时回应以安

---

[1] 孙梦龙:《司法区块链与区块链司法》,载《重庆邮电大学学报(社会科学版)》2022年第1期。

[2] 王超:《区块链技术证明的三重限度》,载《学习与实践》2022年第1期。

[3] 杨东、徐信予:《区块链与法院工作创新——构建数据共享的司法信用体系》,载《法律适用》2020年第1期。

[4] 田国华、胡云瀚、陈晓峰:《区块链系统攻击与防御技术研究进展》,载《软件学报》2021年第5期。

置技术的社会意义和潜在的价值冲突。① 审判依据方面,在当前以司法解释形式规定区块链证据适用和审查框架的情况下,亟待制定符合一般证据法标准的实体规则和程序规则,对区块链取证环境流程、底层技术和核验标准作出具体可操作的规定。此外,明确举证责任分配和转移的具体情况,明确可以作为相反证据或合理理由抗辩的标准,形成独立于电子证据规则以外的、覆盖全流程、多情况、新特征的区块链证据法律和规范体系。在提升立法层级的同时,明确界定区块链电子存证与其他类型电子证据的边界,对区块链技术及其配套技术的适用方式与效力范围作出清晰界定,避免对同一技术概念的不当解释和不同技术概念的混淆,实现智慧司法视域下区块链及相关技术的协调共建。

与此同时,还需要充分考虑到法院级别及不同地区之间审判技术条件的差异性和不平衡性,统一各级、各地人民法院对区块链证据的审查核验流程和认定标准,将互联网法院和区块链平台先建地区法院在审理区块链证据案件中产生的具有普遍借鉴价值的办案经验和审理模式予以总结推广。在司法诉讼程序外,依托法律规定出台更为详细完备的区块链技术应用标准和行业自治规范,明确各方的主体责任,包括区块链平台方的安全保障责任和诚信义务,鼓励具有专业知识的行业专家以技术调查官身份更多参与司法活动,有效提升区块链技术审查认定的中立性、客观性和科学性。此外,明确行政机关对区块链平台的监管审查责任,将区块链存证过程中的潜在风险解决在诉讼发生前。

结　语

互联网信息技术的快速更迭和持续进步,从根本上改变了版权作品的传播媒介,也对网络介质下作品的版权保护和侵权证明提出了新的挑战。② 区块链技术在电子证据领域的广泛运用,为应对新兴挑战提供了技术可能,实现了技术革命与司法改良的动态联结,也体现出司法审判与证据审查中技术的加持作用。区块链技术不可篡改和全程留痕的特点,为保证存储证据的真实性、合法性和关联性打下了底层技术基础,区块链存证相关制度框架的构建增强了其法理公信力,区块链存证平台的发展则从供给侧提供了技术应用路径。

区块链技术的证据化应用,极大地改变了传统证据法的证据结构,也使得最高人民法院以司法解释的方式认可了区块链电子存证的合法性。但区块链证据的法治意

---

① 赵小勇:《法律与技术如何相处:区块链时代犯罪治理模式的双重重构》,载《探索与争鸣》2020年第9期。

② 吴汉东:《网络版权的技术革命、产业变革与制度创新》,载《中国版权》2016年第6期。

义绝不仅限于"新兴电子证据"这一简单定位,而是对现行证据法体系的一次全面革新。[①] 通过463份判决书的类型化分析,区块链电子存证呈现出审查依据多元、证据采信度高、存证客体多元、案由高度集中等特点,也反映出真实性审查规则混乱、平台资质缺乏权威认证、相关配套制度不健全等隐忧。为此,需要从平台维度增强资质和加强行业准入审查,构建统一的司法联盟链,从法律规则视角统一证据真实性审查规则,规范证据上链流程,方能规避技术和商业模式的瑕疵,更好地为司法审判服务,打造诉源治理新格局。

---

① 张玉洁:《区块链技术的司法适用、体系难题与证据法革新》,载《东方法学》2019年第3期。

热点追踪

商标侵权认定中商品及服务相同、近似的判断
——以旺仔维权案为例

胡雨洁[*]

摘　要：商标侵权案件审理中，通常采用消费者的一般认知、国家标准或者行业标准对商品/服务的分类及《类似商品和服务区分表》作为认定商品/服务类别的依据，但在司法实践中常常出现关于被诉侵权商品/服务类别认定的争议。本文尝试通过对司法判例进行分析，探寻适用前述认定标准得出不同认定结果的原因，并基于此提出一些意见建议，以期减少商标侵权认定中关于商品/服务类别判断的争议。

关键词：商标侵权；类似商品和服务区分表；消费者混淆

The Judgment of Identical and Similar Goods and Services in the Determination of Trademark Infringement: Taking the Case of Wangzai Rights Protection as an Example

Hu Yujie

Abstract: In trademark infringement cases, the classification of goods/services and the determination of the category of goods/services are typically based on consumers' general perception, national standards, or industry standards, along with the "List of Similar Goods and Services". However, disputes often arise in judicial practice regarding the classification of the goods/services alleged to be infrin-

---

[*] 胡雨洁，女，福建品同律师事务所主任，厦门大学知识产权研究院兼职硕士生导师。

ging. This article attempts to analyze judicial precedents to explore the reasons behind different determinations derived from the application of the aforementioned classification standards. Based on this analysis, the article puts forward some opinions and suggestions in order to reduce disputes in the determination of goods/services categories in trademark infringement cases.

Key Words: trademark infringement; list of similar goods and services; consumer confusion

一、问题的提出

(一)基本案情

福建省高级人民法院在对上海旺旺食品集团有限公司(以下简称"旺旺公司")诉旺仔食品(广州)集团有限公司(以下简称"广州旺仔公司")等侵害"旺仔"注册商标专用权纠纷案(以下简称"本案")作出的二审判决①中关注到了基于商标注册分类,分别在不同类别的商品/服务项目上获准注册相同或者近似商标的情况下,实际使用中产生的商标侵权认定问题。

本案上诉人(一审原告)旺旺公司主张的第 899574 号"旺仔"商标获准注册于 1996 年 11 月,核定使用商品为第 29 类牛奶制品等;第 3825332 号"旺仔"商标获准注册于 2005 年 10 月,核定使用商品为第 29 类牛奶、牛奶饮料(以牛奶为主的)、牛奶制品等。经长期宣传推广和销售,上述"旺仔"品牌具有极高知名度,获得多项荣誉并曾被认定为驰名商标等。

被上诉人(一审被告)广州旺仔公司主张对第 870978 号"WANGZI 旺仔"商标获准注册于 1996 年 9 月,核定使用在第 32 类无酒精饮料商品上;第 1187382 号"旺仔 WANGZI"商标获准注册于 1998 年 6 月,核定使用在第 32 类矿泉水(饮料)、无酒精饮料、果汁饮料、不含酒精果汁商品上。

本案的争议焦点在于广州旺仔公司在标注名称为"乳酸菌风味饮料"的商品上使用"旺仔"标识,是否侵害旺旺公司的注册商标专用权。

(二)法院判决

本案中,一审法院和二审法院关于被诉侵权商品的商品分类产生了分歧:一审法

---

① 福建省高级人民法院(2022)闽民终 1290 号民事判决书、福建省厦门市中级人民法院(2021)闽 02 民初 1432 号民事判决书。

院认为被诉侵权商品属于第32类商品中的"无酒精饮料",不落入第29类商标的保护范围,因此判决被诉侵权商品不构成对旺旺公司的商标侵权,驳回旺旺公司的诉讼请求。二审法院认为被诉侵权商品属于含乳饮料,属于第29类商品中的"乳酸饮料"或者"牛奶饮料(以牛奶为主的)",故二审判决撤销厦门市中级人民法院(2021)闽02民初1432号民事判决,改判被上诉人停止侵权、赔偿损失。基于上述分歧,两审法院作了截然不同的判决。

(三)案例评析

关于被诉侵权商品分类的认定,二审判决明确《类似商品和服务区分表》可以作为判断类似商品或服务的参考,并将其作为首要的判断标准:

1.从《类似商品和服务区分表》角度进行判断,《类似商品和服务区分表》在2020年1月1日修改前,32类商品项下仅包括乳酸饮料(果制品,非奶),即水果发酵获得的乳酸饮料,以牛奶发酵获得的乳酸饮料并不属于32类;修改后,不论是牛奶发酵的还是水果发酵的乳酸饮料均归入29类。无论在《类似商品和服务区分表》修改前还是后,以乳或乳制品为原料加入水及适量辅料经配制或发酵而成的饮料,均不属于32类商品,而是纳入29类商品的范畴。

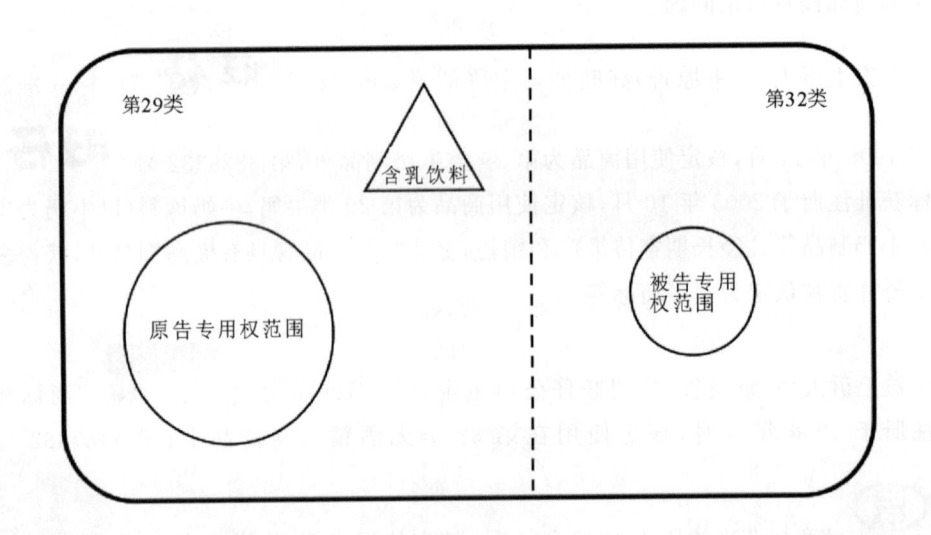

图1 商标分类示意图

2.从消费者认知角度来看,被诉侵权商品故意模糊"乳酸菌饮料"和"风味饮料"的概念,并在包装上突出宣传,展示其含乳性质,足以使消费者将其认知为含乳饮料。且该商品在天猫店铺进行销售时被表述为"AD钙奶""乳酸菌饮品",进一步加深了消费者将其认知为含乳饮料的可能性。

3.从行业标准来看,被诉侵权商品均含有奶粉/脱脂奶粉、乳酸菌发酵原液等成分,且蛋白质含量大于等于0.7%,符合国家标准关于含乳饮料项下乳酸菌饮料的定义。

(四)商品及服务相同、近似认定的争议

根据我国《商标法》第57条的规定,在同一种商品/服务上使用与注册商标相同的商标,或者在近似或类似商品/服务上使用与注册商标相同或近似的商标,容易导致混淆的,均属侵犯注册商标专用权。因此,被诉商品/服务与注册商标核定使用商品/服务是否构成同一种或者类似商品/服务,对于商标侵权认定至关重要。但由于消费者的一般认知、商品生产/服务提供的国家标准或者行业标准采用的分类方式与《类似商品和服务区分表》采用的分类方式存在差别,在实践中常常出现关于界定被诉侵权商品/服务类别方面的争议。比如关于被诉商品是否属于"含乳饮料"的商品范围,本案的一审和二审及河南省高级人民法院作出的(2022)豫知民终194号生效判决①、浙江省高级人民法院作出的(2022)浙民终1168号生效判决②即作出了不同的认定。

二、商标侵权案件中商品/服务分类判断的主要路径及困境

(一)消费者标准

基于商标所固有的识别来源的基本作用,商标权保护的主要目的在于避免消费者的混淆误认。③ 这一方面有利于激励经营者不断提升商品/服务品质,积累商标所承载的商誉和价值;另一方面也有利于消费者更快、更好地识别商品/服务来源,减少检索及试错成本。因此,理论上说,消费者标准应当作为认定被诉侵权商品类别的首要标准。

但实践中,消费者标准常常存在准确界定上的困难。消费者存在认知的多元性和差异性,基于不同的消费能力、年龄、性别、教育程度甚至不同的所在地域,都可能对被诉侵权商品/服务类别的界定产生不同的结论。在案件审理中,法官及其家人,更可能成为直接影响案件结论的"一般消费者"。完全以消费者标准作为认定两个商品/服务是否构成同一种或者类似的依据,虽更贴近保护商标来源识别功能、避免混淆误认的立法目的,但因缺乏固定的标准,可能更容易导致自由心证的泛化及案件结果的不可预测性。

(二)以《类似商品和服务区分表》对商品/服务进行分类

在我国的司法实践中,《类似商品和服务区分表》在界定商品/服务类别方面可能

---

① 河南省高级人民法院(2022)豫知民终194号民事判决书、河南省郑州市中级人民法院(2021)豫01知民初1103号民事判决书。
② 浙江省高级人民法院(2022)浙民终1168号民事判决书、浙江省杭州市中级人民法院(2021)浙01民初2094号民事判决书。
③ 蒋华胜:《商标侵权判定标准的规范解释与司法适用研究》,载《电子知识产权》2023年第7期。

是更客观的判断标准。即便不同的审理法院对于同一商品的分类认定存在不同意见,但在判决时,通常仍是将《类似商品和服务区分表》作为认定被诉商品/服务类别的依据。如在本案中,二审法院也是首先从《类似商品和服务区分表》的角度对被诉侵权商品与旺旺公司主张的商标核定使用商品构成同类商品进行了论证。《类似商品和服务区分表》对商品/服务作了尽可能详细、科学的分类,能够简明有效地为裁判者提供更具有操作性的类别判断标准,有效提高审判效率。但随着时代和技术的发展,商品/服务类别之间的关联关系在不断变化发展。之前分属不相类似群组中的商品/服务,可能在某个时间节点衍生出千丝万缕的联系,在该两个商品/服务上使用相同或者近似商标时,就容易产生混淆误认。

因为《类似商品和服务区分表》表述的商品/服务名称与正常商业使用中的商品/服务名称不完全一致,有时并不能准确界定被诉侵权商品/服务对应的《类似商品和服务区分表》中的哪一项商品/服务项目,进而容易导致商品/服务类别认定时出现偏差。例如生活中常见的果冻商品,从其属性来看,更接近于第30类商标项下的"果冻(糖果)"商品项目,但从名称上看,更接近于第29类商标项下的"可食用果冻"商品项目。这不仅可能造成裁判者在适用时产生混乱,而且容易因机械适用导致错误判决。

(三) 以国家标准/行业标准界定商品/服务类别

现实生活中,绝大部分的商品生产或者服务提供,都有相应的国家标准/行业标准对商品/服务的成分、品质等进行规范和监管。因此,以商品/服务所采用的国家标准、行业标准作为界定商品/服务类别的依据,似乎更加精准。但在实际的司法适用中,仍然存在如下问题:

1. 消费者认知与国家标准/行业标准可能存在较大偏差

国家标准/行业标准通常涉及更精细化的数据,而普通消费者对于这一数据较难精确感知。因此,消费者在认知商品/服务的相同或者类似方面,常常更多凭借生活经验及商品上标注的配料表等非标准化的认知途径,与国家标准/行业标准存在出入的可能性较大。因此,采用国家标准/行业标准作为认定商品/服务分类的依据时,可能与消费者标准的结论存在冲突。

2. 侵权者可能存在借助国家标准/行业标准规避侵权认定的情况

如本案中,二审法院认定被诉商品属于"含乳饮料"商品的依据之一,是被诉商品符合国家标准中关于含乳饮料的蛋白质含量不低于0.7%的要求。但如前所述,消费者可能并不精确感知,国家标准中关于蛋白质含量要求的具体数据,其对于蛋白质含量0.7%和0.6%的同类商品的认知可能并不存在明显区别。基于上述原因,侵权者可能存在借助国家标准/行业标准,人为规避侵权认定的行为。如果机械认定被诉商品是否完全符合国家标准/行业标准的要求,可能导致认定侵权的标准过于严格,不利于维护商标权人的合法权益及消费者的利益。

3.国家标准、行业标准的制定机构不统一,因此可能导致归类标准的不统一

现行的国家标准、行业标准的制定机构较多,仅以食品标准来说,即可能涉及国家市场监督管理总局(原国家食品药品监督管理总局)、国家卫生健康委员会(原国家卫生和计划生育委员会)等机构或者部门。不同机构或者部门在制定国家标准、行业标准时也可能存在交叉和冲突,并因此导致归类标准的不统一。

4.国家标准/行业标准对应的商品/服务名称,与《类似商品和服务区分表》体现的商品/服务项目不完全一致

虽然《类似商品和服务区分表》已经尽可能地作了贴近生活的修订和增补,但仍存在国家标准/行业标准对应的商品/服务名称,与《类似商品和服务区分表》体现的商品/服务项目不完全一致的情况。这也对司法实践中认定被诉商品/服务的类别造成一定程度的困扰。

三、关于商品/服务类别判断的优化建议

实践中,为了解决侵权认定商品/服务类别判断的争议,尽量减少认定上的不确定性,可以考虑从以下几个方面对前述判断标准进行优化:

(一)消费者认知的直观呈现

在诉讼争议中,为了向法庭直观呈现消费者对被诉侵权商品类别的认知结论,部分案件的当事人试图通过提交消费者意见调查报告来展现。通过调查消费者对商标的认知、使用情况和混淆可能性等方面的意见,可以帮助法官更加准确地判断原告主张的商标侵权是否成立,这也逐渐得到了部分法院的认可。[①] 但消费者调查报告同样是某一方当事人基于其案件立场,经过筛选后提供的证据,实质上并不完全符合证据的客观性、中立性标准。并且,消费者意见调查报告的可信度和可参考性,还受到报告设计科学性和合理性的影响,如样本的选取、问卷的设计、调查方式等因素都会影响结果的可靠性。因此,消费者意见调查报告的结果也仅能作为参考,不能作为确定侵权或不侵权的唯一标准,其权威性还需要结合其他证据来综合判断。[②]

(二)与时俱进,调整《类似商品和服务区分表》以提升其合理性和适用性

为解决《类似商品和服务区分表》现实适用上的不适应问题,国家知识产权局商

[①] 北京市高级人民法院2019年4月24日发布的《商标授权确权行政案件审理指南》第15.5条规定:"(市场调查报告的认定)当事人可以提交市场调查报告用于证明诉争商标和引证商标不构成近似商标,但该报告结论缺乏真实性、科学性的,可以不予采纳。"

[②] 北京市高级人民法院2021年4月22日发布的《知识产权民事诉讼证据规则指引》第1.27条规定:"当事人提供的由中立第三方完成的市场调查报告,一般不能单独作为认定案件事实的依据,应结合在案其他证据综合认定其证明力。对前款所述市场调查报告可以从调查者资质、调查动机、调查对象、调查地域、样本规模、样本分布、抽样方法、问题设计、程序运作、调查形成的时间等方面予以审查。"

标局几乎每年都根据实际需要,对《类似商品和服务区分表》进行调整,包括对部分商品/服务所属群组的调整、对部分群组商品/服务项目的扩充或者删减,以及对群组之间是否进行交叉检索作相应调整等。比如《类似商品和服务区分表》(2020文本)①适用之前,"乳酸饮料(果制品,非奶)"属于32类商标项下3202群组的商品项目。虽然在该商品项目的括号备注足以说明,该商品项目中的乳酸饮料系由果制品发酵的非奶饮料,与属于2907群组中"牛奶饮料(以奶为主)"商品项下牛奶发酵而成的乳酸饮料或者乳酸菌饮料不同,但在商品销售中,以一般消费者的认知,仍然可能难以区分。为了避免混淆,《类似商品和服务区分表》(2020文本)在32类商品项下删除了"乳酸饮料(果制品,非奶)"这一商品项目,将全部乳酸饮料商品均归入2907群组之下。本案中,对被诉侵权商品的类别进行界定时,即主要参考了《类似商品和服务区分表》(2020文本)的这一项目调整。

(三)以国家标准/行业标准作为参考,综合判定商品/服务类别

相对于其他标准而言,国家标准/行业标准虽然更加精准、易于适用,但是常常与消费者的认知存在较大出入。因此,在进行商品/服务类别判断时,将国家标准/行业标准作为辅助标注,结合前述其他标准,综合进行认定。否则,若机械适用国家/行业标准,可能得出与消费者认知相反的认定结论。比如浙江省高级人民法院作出的(2022)浙民终1168号生效判决在认定商品/服务类别时,仅以国家标准认定讼争合同不符合牛奶饮料的标准,所作出的认定可能与部分消费者的认知不相一致。这就要求裁判者不仅需要结合专业知识和生活常识,尽可能准确地套用商品/服务项目,而且可能需要对不同商标分类的分类原理进行了解,结合该群组的其他商品/服务项目追根溯源地进行综合判断。同时,在司法实践中,还需妥善应对因为《类似商品和服务区分表》调整而产生的分类变化,与时俱进地调整侵权判断标准。

---

① 《类似商品和服务区分表》(2020文本)。

试论知识产权司法保护专业化体系建设的完善与提升
——基于F省相关司法实践的思考

曹慧敏[*]

摘 要：知识产权保护工作关系国家治理体系和治理能力现代化。近年来，F省法院知识产权司法保护专业化体系建设工作取得了显著成效，但基于相关的司法审判和调研实践，可以看出尚存在不少困难与问题，有待进一步解决。本文在明晰问题的基础上，立足实际，提出完善提升知识产权司法保护专业化体系建设的意见建议。

关键词：知识产权；司法保护；专业化体系；完善与提升

On the Perfection and Promotion of the Specialized System of Intellectual Property Judicial Protection: Based on F Province Intellectual Property Court Research Thinking

Cao Huimin

Abstract: Intellectual property protection is related to the modernization of national governance system and governance capacity. In recent years, remarkable achievements have been made in the construction of the specialized system of intellectual property judicial protection of the courts of F province. However, based on the relevant judicial trials and research practices, we can see that there are still many difficulties and problems to be further solved. On the basis of clarity of the problems, based on the actual situation, put forward opinions and suggestions on improving the construction of the professional system of intellectual property judicial protection.

Key Words: intellectual property; judicial protection; specialized system; perfection and promotion

习近平总书记指出，创新是引领发展的第一动力，保护知识产权就是保护创新。全面建设社会主义现代化国家，必须更好推进知识产权保护工作。知识产权保护工

---

[*] 曹慧敏，女，福建省高级人民法院民二庭副庭长。

作关系国家治理体系和治理能力现代化。[①] 知识产权司法保护专业化是建设创新型国家的客观要求,是充分发挥知识产权司法保护职能作用的规律体现,是解决知识产权审判现实问题的迫切需要,是国际和国内知识产权司法保护的发展潮流和通行经验。[②] 近年来,F省法院深入贯彻实施创新驱动发展战略和国家知识产权战略,切实加强知识产权司法保护的专业化体系建设工作,取得了显著成效,但也存在不少困难和问题,有待进一步解决。

一、知识产权司法保护专业化体系建设的基本概况

知识产权司法保护专业化体系建设主要包括:审判部门(团队)的专门化、案件管辖的集中化、司法机制的创新化和审判人员的专业化。

(一)审判部门(团队)专门化体系基本建成

20世纪80年代,F省法院开始依法受理著作权、商标、专利等知识产权案件。1994年年初F省高级人民法院与F省X市中级人民法院成为全国首批设立知识产权审判庭[③]的法院,标志着F省法院知识产权审判开始走上专业化的发展轨道。后F省各中级人民法院相继设立知识产权审判部门。2010年,经最高人民法院批复同意,F省3家基层法院具有知识产权案件管辖权并设立知识产权审判庭(民三庭);2015年,F省3家基层法院自贸区法庭开始相继设立并受理知识产权案件。2017年起,F省陆续设立3家知识产权法庭。2022年,F省具有知识产权案件管辖的基层人民法院亦增加到27个,相关基层法院陆续设置相关审判部门或团队。至此,F省三级法院专门化的知识产权审判部门体系基本形成。

知识产权审判部门(团队)自设立以来,依法妥善处理了一大批社会关注、具有典型意义的案件,如高通公司与苹果公司等系列专利纠纷案被写入最高人民法院"两会"工作报告。拙雅公司诉智童时刻公司技术合同纠纷案入选全国法院知识产权审判五十大案例及F省法院第五批参考性案例。艾默生公司诉和美泉公司等不正当竞争纠纷案被商务部主管的中国外商投资企业协会的优质品牌保护委员会评为年度知识产权十佳案例,亦被具有广泛国际影响的英国《知识产权管理》(*Managing Intellectual Property*,MIP)杂志评选为年度影响力案件奖(impact case of the year award),且是该奖项中该年度我国入选的唯一一个案件。

[①] 习近平:《全面加强知识产权保护工作 激发创新活力推动构建新发展格局》,载《当代党员》2021年第4期。
[②] 吴偕林:《为什么要建立知识产权法院》,载《求是》2015年第11期。
[③] 后在2002年全国法院机构改革时更名为民事审判第三庭,2016年根据《最高人民法院关于在全国法院推进知识产权民事、行政和刑事案件审判"三合一"工作的意见》又称为知识产权审判庭。实际工作中,知识产权审判庭与民事审判第三庭均有使用。

（二）知识产权案件管辖的集中化基本确立

1.地域管辖

F省法院知识产权案件管辖格局不断完善，特别是3家知识产权法庭设立、具有知识产权案件管辖权的基层法院增加，以及各级法院知识产权审判部门设立后，各地普通知识产权民事案件归口辖区法院管辖。

2.集中管辖

鉴于专利、植物新品种、集成电路布图设计、技术秘密、计算机软件、涉及驰名商标认定及垄断纠纷案件的特殊性，在F市知识产权法庭和X市知识产权法庭成立前，相关一审知识产权民事案件已经实行跨区域集中管辖。F市知识产权法庭成立后跨区域管辖全省辖区内的相关案件。X市知识产权法庭、Q市知识产权法庭相继成立后，3个知识产权法庭重新进行了分工：X市知识产权法庭跨区域管辖X市、Z市、L市辖区内的相关案件，Q市知识产权法庭管辖Q市辖区内的相关案件，其余地区相关案件仍由F市知识产权法庭跨区域管辖。

3.级别管辖

目前F省高级人民法院管辖诉讼标的额在50亿元以上（含本数）的第一审知识产权民事案件及辖区内重大一审刑事、行政案件。各中级人民法院管辖本辖区的外观设计专利权属、侵权纠纷和涉驰名商标认定一审民事、行政案件，以及涉及县级以上人民政府、海关行政行为的一审行政案件及相关刑事案件。基层人民法院管辖第一审知识产权民事案件的诉讼标的额为100万元以下（不含本数）。

（三）知识产权专业审判机制改革创新成效显著

1.创新完善破解司法难题的专业审判机制

2020年3月，F省高级人民法院出台《关于强化知识产权司法保护 更好服务保障创新创业创造的意见》，制定36条具体实施项目和措施，进一步创新完善相关专业审判工作机制，解决知识产权司法审判中的"举证难、周期长、成本高、赔偿低"等问题，构建立体化全方位知识产权专业司法保护格局。同年4月，召开全省法院知识产权审判工作视频会议，细化贯彻上述意见的具体任务分工，现已逐步制定完成相关配套裁判指引等。

2.创新完善知识产权审判"三合一"工作机制

将与知识产权有关的民事案件、刑事案件、行政案件相关联的纠纷统一划归独立的审判机构进行审理成为司法变革的趋势。[①] 知识产权"三合一"审判机制改革是专业化建设的一项重要举措。2002年，F省高级人民法院民三庭在全国率先实现知识产权民事、行政案件审判"二合一"，2016年实现民事、行政、刑事案件审判"三合一"。

---

① 吴汉东：《"三审合一"：知识产权审判改革的特区模式》，载《人民法院报》2011年11月24日。

2010年，经最高人民法院批准，F省选取2家基层法院和2家中级人民法院开展"三合一"试点工作。随后F省各地法院陆续开展"三合一"工作。"三合一"审判机制自推行以来，经过多年的探索和实践，通过运用刑事、民事、行政手段实现知识产权的全方位救济和司法公正。比如X市中级人民法院审理的德乐盟公司、杨某某等犯假冒注册商标罪、销售假冒注册商标的商品罪一案，就同一侵权行为的事实认定和法律适用作出统一的司法判定，融合处理基于相同事实的刑事和民事案件，凸显了审理机制创新促进知识产权专业司法保护发展的成果，入选"2019年中国法院十大知识产权案件"。

3.创新完善"五位一体"技术事实查明机制

知识产权案件，特别是发明专利、实用新型专利纠纷案件等往往涉及专业技术问题，F省法院创新完善技术调查、技术鉴定、技术咨询、专家陪审、专家证人"五位一体"相互协调的技术事实调查认定体系。充分利用国家知识产权局专利局专利审查协作北京中心F省分中心的资源，扩大技术调查官选任来源，灵活采用在编制、聘用制、交流制、兼职制的技术调查官任用制度。扩大技术鉴定机构的名录和技术鉴定的技术领域。开展全省知识产权技术咨询专家选任工作，进一步细化技术领域，增加技术咨询专家数量。与省知识产权局等机构合作，做好人民陪审员的推荐工作，定期对技术专家、人民陪审员进行法律业务培训。完善专家证人制度。根据案件具体情况，综合运用技术事实调查认定方式，快速有效认定技术事实。

4.创新完善知识产权集约化保护和协同保护机制

完善立案、调解、保全、送达、巡回审判等跨区域诉讼服务机制，增强知识产权保护整体合力，全方位打造精准高效协同保护格局。F省高级人民法院与省市场监督管理局等知识产权行政部门共同构建省级知识产权司法协同中心，2021年，与专利审查协作F省分中心签订合作框架协议。同时，积极推动各地法院构建符合当地实际的市县两级司法协同模式：F市知识产权法庭、X市知识产权法庭分别在N市等地知识产权保护中心设立巡回审判庭（点）；召开协同发展区六地法院知识产权司法保护联席会议，制定《关于加强对技术密集型行业重点企业知识产权司法保护的实施意见（试行）》；依托知识产权司法协同中心，探索建立"在线调解＋司法确认"工作机制；Z市中级人民法院参与建成"公捷在线取证平台"，成为全国首个由行政执法部门与司法部门联合推进的电子取证平台；与Z市科学技术协会共建知识产权司法保护和服务中心；在国家知识产权保护示范单位设立知识产权司法保护协同中心；在Y县成立全国首个地理标志产品保护巡回法庭等。

（四）知识产权审判人员的专业化基本实现

F省法院注重强化知识产权审判队伍建设，打造一支素质高、业务精、作风正、形象好、知识结构比较合理的专业化审判队伍。持续举办全省法院知识产权审判实务培训班，进一步提升专业能力。近年来，F省法院知识产权审判队伍不断壮大、素质不断提升:截至 2021 年 9 月 30 日共计 200 余人;法官和法官助理均为本科以上,书记员和速录员均为大专以上,硕士以上占 32.8%。以 F 省高级人民法院民三庭为例:1994 年年初设立时,仅有审判人员 3 名;目前已有工作人员 20 余名。随着 F 省具有知识产权案件管辖权的法院数量的不断增加,知识产权审判队伍亦在不断壮大。

此外,F 省法院还积极开展知识产权审判智库建设。1999 年 5 月 F 省高级人民法院聘请全国各地 29 位知识产权法律专家、技术专家作为知识产权审判咨询顾问。2011 年 4 月聘请全国 42 位各行业领域技术专家成立 F 省法院知识产权审判技术咨询专家库,并颁布《F 省高级人民法院关于知识产权审判技术咨询专家管理办法(试行)》。2021 年 4 月,F 省高级人民法院与专利审查协作 F 省分中心签订合作框架协议,就人才交流、业务交流等建立深层合作关系并探索建立省级技术调查人才库和共享机制。同年 3 月,制定《关于技术调查官参与知识产权案件诉讼活动的工作规则》《技术调查官管理办法》,积极开展知识产权技术咨询专家选任、专家陪审、技术鉴定等工作。2019 年 4 月,X 市中级人民法院聘请 18 名专业人士担任知识产权审判咨询专家。2019 年 9 月,Z 市中级人民法院联合市场监督管理局成立专家顾问团和知创志愿服务团,聘请 8 名商标、版权、专利专家担任知识产权调解员、宣传员。继聘请知识产权专业技术人士作为人民陪审员后,2020 年 4 月,F 市中级人民法院聘请国家知识产权局专利局专利审查协作北京中心 F 省分中心 10 名审查员为技术咨询专家。

二、知识产权司法保护专业化体系的困难问题

F 省法院知识产权审判专业化工作取得了显著的成效,但由于各地法院重视程度有所差异、司法改革机构精简、案件数量存在不均、案件处理难易不一、政法人员编制所限等,还存在不少困难与问题,主要包括以下几个方面。

(一)知识产权案件数量和类型不均衡

知识产权专业化审判是知识产权司法保护的永恒课题。[①] 前几年,F 省知识产权案件在民商事案件中占比不高,但近年来,各类案件数量激增,故而 F 省各地法院不同年份和地区审理的知识产权案件数量、类型分布不均衡:部分年份和部分地区知识产权案件数量较多,案多人少矛盾突出,存在分流现象;部分年份和部分地区知识产权案件数量较少,法官需同时审理其他多类案件。但由于知识产权案件数量与类型不均衡,故而产生以下问题:一方面,知识产权案件分流,知识产权审判专业化有待

---

① 黎淑兰:《论知识产权专业化审判新格局的构建与实现——以上海知识产权法院专业化建设为视角》,载《法律适用》2015 年第 10 期。

提升;另一方面,审理案件类型过杂,影响知识产权案件审判专业精进。

(二)知识产权专业司法保护机制有待深入推进

1.破解知识产权审判难点机制有待进一步提升

F省法院审理的知识产权案件总体审判难度不大,但也存在一些司法重点难点问题,有待进一步明晰解决,各地亦不同程度存在知识产权维权远、举证难、周期长、成本高、赔偿低等问题。F省法院已经出台相关意见解决知识产权审判中的重点难点问题,但仍需要根据实际情况在深入调研后进一步统一审判理念,规范审判尺度,提升审判质效。

2.知识产权审判"三合一"机制有待进一步推进

一是"三合一"机制尚未在全省全面推行。部分地区在中级人民法院层面实行知识产权审判"三合一",但尚未延伸至基层法院;部分地区已经出台知识产权审判"三合一"文件,仍有待进一步贯彻落实和深入推进。二是"三合一"审判能力有待提升。民事、行政、刑事三大诉讼审理方式和审判理念的不同对"三合一"知识产权法官的综合素质提出了更高要求。但司法实践中,F省法院受理的知识产权案件以民事为主,行政和刑事案件数量较少,相关司法审判经验较少,知识产权审判"三合一"综合能力有待进一步提升。三是协调配合机制有待进一步完善。知识产权审判"三合一"需要公安、检察和法院等多家单位的协调配合。现F省各地法院知识产权刑事案件外部移送流转模式不一,且需经多个部门和程序,协调配合机制有待进一步完善。

3.知识产权的协同保护有待进一步加强

近年来,F省知识产权协同保护工作有了很大提升,但仍然有待进一步加强。一是知识产权协同保护覆盖领域广、涉及方面多,但不同市场主体、各相关行政主管部门、司法机关等重视程度不一;二是各协同保护的主体之间相应的沟通、协调和衔接机制等未完善建立;三是现有各地协同保护中心的设立缺乏统一规划;四是部分地区和职能部门只注重挂牌,协同保护中心设立后未实际发挥应有成效。

(三)知识产权审判队伍专业化有待提升

在多数知识产权案件中,如果审判人员不具备相关技术领域的专业知识背景,在审判活动中就很难对案件涉及的技术事实作出认定,而最终的解决出路在于由高度统一的审判组织通过专门化的审判方式审理知识产权案件。[①] 知识产权案件因其复杂性、专业性的特点必然要求审判的专门化,而审判人员的专业化是知识产权司法保护专业化的前提。总体而言,F省除高级人民法院、F市、X市知识产权法庭外,其他法院知识产权法官审理的知识产权案件数量与类型较少,相关审判经验有限。特别是现在增加到27个基层法院受理知识产权案件,对这些法院的法官

---

① 冯晓青、王丽:《从专门法庭到专门法院:我国知识产权司法的最新进展透析》,载《南都学坛(人文社会科学学报)》2015年第5期。

而言,可能此前并未审理过知识产权案件,审判队伍的专业化能力有待提升。当前,由于案多人少矛盾突出,而且部分法院的法官除了审理知识产权类案件外,有时还需同时审理其他纠纷案件,知识产权审判人员忙于办案,投入知识产权专业审判的学习、研究、提升的时间和精力较少。在人员的对外交流方面,各类知识产权审判业务研讨学习的机会和平台不多。在知识产权审判智库建设方面,虽然已经制定技术调查官参与知识产权案件诉讼活动的工作规则及管理办法,但相关配套制度和经费来源仍需进一步落实。

三、知识产权司法保护专业化体系建设的完善提升

我国正在从知识产权引进大国向知识产权创造大国转变,知识产权工作正在从追求数量向提高质量转变。故而必须从国家战略高度和进入新发展阶段要求出发,深入贯彻落实《知识产权强国建设纲要(2021—2035年)》、最高人民法院《关于加强新时代知识产权审判工作 为知识产权强国建设提供有力司法服务和保障的意见》和党中央、国务院、省委、省政府及最高人民法院等关于加强知识产权保护的决策部署,直面知识产权审判专业化进程中存在的困难与问题,切实予以改进和提升,全面加强知识产权司法保护工作。

(一)切实加强知识产权审判专业化的理念和顶层设计

理念来源于实践,也指导实践。要心怀"国之大者",牢牢把握加强知识产权保护是完善产权保护制度最重要的内容和提高国家经济竞争力最大的激励。坚持把创新作为引领发展的第一动力,树立保护知识产权就是保护创新的理念。要深刻认识我国知识产权战略和创新驱动发展战略的重要性,正确认识知识产权审判专业性和技术性强的特点,牢固树立知识产权审判专业化的理念。要准确研判国内外形势新特点,结合F省法院实际,做好知识产权审判专业化的顶层设计,谋划好知识产权审判的专业化工作,明确目标、任务、举措和具体职责分工、进程等内容,做好重大改革举措、重要政策和重点工作的部署等工作。

(二)积极推进专业审判机构和部门建设

专业化审判机构和部门的设置有利于提炼、总结类案审判规律和经验,进行清晰的条线指导和实现案件裁判标准的统一。根据实际情况,在已经有3个知识产权法庭及27个具有知识产权案件管辖权的基层法院的基础上,有序增加具有知识产权民事案件管辖权的基层法院,并继续开展知识产权法院的申报工作。在具有知识产权案件管辖权的法院规范设置知识产权审判部门,如因机构改革等原因,亦宜设置专门的知识产权审判团队或者合议庭,确保知识产权案件的审判质效。同时,要明晰知识产权案件的专业审理。在现有司法模式下,实行案件类型专业化审判对全面提高法

官的整体素质和保障公正司法有着积极的推动作用。[①] 原则上,知识产权案件统一归口审理,在知识产权审判部门内部随机分案。如有繁简分流等工作需要,宜确保知识产权法官参与相关案件的审理,采用跨庭室组合议庭,或者知识产权审判部门首案示范裁判等方式。如有疑难复杂案件涉及其他审判部门业务,可通过跨庭室组成合议庭或者召开专业法官会议等方式解决。原有审理知识产权之外纠纷类型案件的,随着近年来知识产权案件的增加,适时调整案件分工。在此基础上,切实加强知识产权案件的调研和专业审判指导,同时认真学习研究,切实提升知识产权审判质效,多出精品案。

(三)扎实推进知识产权审判机制改革创新

1.扎实推进破解知识产权审判难题的机制提升

知识产权司法保护专业化最终体现为案件审判的专业化。要切实加强知识产权审判专业化的调查、分析、总结和提升。通过积极开展调查研究、及时对新类型和典型案例分析研判、总结提炼裁判规则、统一裁判标准尺度、加强知识产权案件审判指导,以及审判体制机制的创新等,切实解决知识产权审判中的问题和难题。创新完善证据保全机制、保障取证程序机制、证据认定标准机制、制裁妨碍举证机制等破解知识产权维权"举证难"困境,创新完善案件繁简分流机制、案件审理机制、遏制拖延诉讼机制等扭转知识产权维权"周期长"局面,创新完善诉源治理机制、多元纠纷化解机制、跨域诉讼服务机制等克服知识产权维权"成本高"难点,创新完善损害赔偿的市场价值导向机制、惩罚性赔偿机制等解决知识产权维权"赔偿低"等问题,积极打造知识产权争端解决"F省优选地",提升知识产权司法保护"F省加速度",办好知识产权审判领域"F省精品案",最大限度地实现政治效果、法律效果、社会效果的有机统一。进一步强化战略眼光和前瞻意识,树立国际视野,推动知识产权审判向更高质量、更高水平发展,不断提升司法公信力和国际影响力。

2.扎实推进知识产权审判"三合一"机制

要做好知识产权民事、行政和刑事案件审判"三合一"的顶层设计,统一标准、统筹协调,学习借鉴和推广先进地区做法经验,特别是注重相关问题的实地调研和实际困难的解决,因地制宜、先行先试,在前期取得成效基础上进一步推进。各地法院要结合当地实际扎实推进知识产权审判"三合一"工作:已经开展知识产权审判"三合一"工作的法院要进一步巩固和提升,要注意总结提炼相关工作经验,特别是可以在全省推广的有益经验做法;已经发文但未实际落实知识产权审判"三合一"工作的法院,要严格依照相关文件要求,认真学习兄弟法院的有益经验,切实推进相关工作;尚未实施知识产权审判"三合一"工作的法院,要加强学习调研工作,针对推进工作中存在的困难和问题,及时沟通解决。各级法院应当根据审判任务需要配备审判力量,

---

[①] 康宝奇等:《实行专业化合议庭 提高法官司法能力》,载《人民法院报》2010年7月15日第008版。

并根据情况配备专门从事行政审判和刑事审判的法官,也可以由行政审判庭或刑事审判庭法官与知识产权审判庭法官共同组成合议庭,审理知识产权行政或刑事案件。

3.扎实推进知识产权协同保护工作

2020年11月30日,习近平总书记在十九届中央政治局第二十五次集体学习时的讲话中指出,要强化知识产权全链条保护,知识产权是一个系统工程,覆盖领域广、涉及方面多,要综合运用法律、行政、经济、技术、社会治理等多种手段,从审查授权、行政执法、司法保护、仲裁调解、行业自律、公民诚信等环节完善保护体系,加强协同配合,构建大保护工作格局。中共中央、国务院印发的《知识产权强国建设纲要(2021—2035年)》中亦指出,要健全统一领导、衔接顺畅、快速高效的协同保护格局。在现有F省知识产权协同保护中心的基础上,设立知识产权保护工作联络办公室,联合出台相关的实施意见,明晰中心的职责内容。同时,结合F省各地知识产权保护的具体情况,根据实际工作需要,设置知识产权协同保护中心的分中心。在此基础上,继续深化知识产权协同保护,在更高层级上形成知识产权保护合力,实现知识产权专业保护与协同保护互为依托、互相促进。

(四)大力加强知识产权审判队伍专业化建设

按照最高人民法院《关于加强新时代知识产权审判工作 为知识产权强国建设提供有力司法服务和保障的意见》提出的"努力锻造一支政治坚定、顾全大局、精通法律、熟悉技术、具有国际视野的知识产权审判队伍"的要求,始终把政治建设摆在首位,坚定不移地推进纪律作风建设,大力加强专业化建设,着力造就政治过硬、本领高强并具有国际视野的高学历高素质知识产权审判队伍。要加大人才培养力度,创新人才培养机制,拓宽人才培养路径,注重培养专家型知识产权法官。本着立足长远的原则,以培养一支适应知识产权审判发展趋势的专门化法官队伍为目标,严格选拔审判业务骨干。审判专业人才的培养亦需要一定的时间和司法实务经验的不断积累,因此,既要注重业务上的学习交流,也要注重知识产权审判队伍的相对稳定性。要积极创造、鼓励和支持知识产权对外业务学习交流实践等机会,加强知识产权审判业务学习指导,适时组织业务专题培训,适时进行发改案件通报。鼓励审判人员加强调研,积极参加知识产权司法保护理论课题研究,为拓宽法官的国际视野提供更多平台和渠道等。

结　语

习近平总书记指出,全面建设社会主义现代化国家,必须更好推进知识产权保护工作。知识产权保护工作关系国家治理体系和治理能力现代化。[①] 在司法保护专业化体系建设进程中,要坚持以习近平新时代中国特色社会主义思想为指导,持续深入学习贯彻习近平法治思想,深刻领悟"两个确立"的决定性意义,增强"四个意识"、坚定"四个自信"、做到"两个维护"。要不断强化"保护知识产权就是保护创新"的理念,加强知识产权司法保护专业化体系建设的理念和顶层设计,从部门设置、案件归口、队伍建设等多个方面着力解决突出问题,进一步促进知识产权司法保护专业化体系建设的有效提升,通过公正高效专业的案件审判、对标需求精准的司法服务、结合实际的特色司法保障和不断创新的司法机制举措等,推动知识产权司法保护不断取得新的成效。

[①] 习近平:《全面加强知识产权保护工作　激发创新活力推动构建新发展格局》,载《当代党员》2021年第4期。

基于SWOT定量—定性决策模型的
国际专利审查合作机制选择研究[*]

周 璐[**]

摘 要：运用定量与定性结合的方法，为专利审查高速公路审查合作模式与信息利用模式的选择提供了体系化的决策模型。首先，将经过调研和专家评估的影响后续申请审查质量因素参数输入SWOT定量决策模型，得到量化的风险表征指标，再根据需要通过SWOT战略分析矩阵进行定量分析，最终作出潜在后续申请局是否选择某种审查合作模式的决策。最后，在SWOT定量决策模型的基础上引入战略强度参数，以表征潜在后续申请局利用在先信息时的理性审慎程度，再结合SWOT战略分析矩阵最终选择潜在后续申请局应当采用的信息利用模式。

关键词：专利积压；审查合作；SWOT；定量；决策模型

Research on the Selection of International Patent Examination Cooperation Mechanism Based on SWOT Quantitative-Qualitative Decision Model

Zhou Lu

Abstract：This paper uses a combination of quantitative and qualitative methods to provide a systematic decision-making model for the choice of patent examination highway cooperation mode and information utilization mode. First , this paper would input the surveyed and expertly evaluated parameters which affect the quality of subsequent application review into the SWOT quantitative decision model, to get quantified risk indicators. Then this paper would make a decision on whether the subsequent patent office would chooses a certain cooperation mode through SWOT strategic quantitative analysis matrix. Finally, based on the SWOT quantitative decision model, this paper introduces the strategic strength parameters to characterize the rational prudence of the subsequent patent office to use the prior

---

[*] 基金项目：国家自然科学基金青年项目"专利质量治理政策体系研究"（编号：71904163）。

[**] 周璐，男，华东政法大学知识产权学院副教授。

information, and then referring to the SWOT strategic analysis matrix to finally select the information utilization mode.

Key Words：patent backlog; examination cooperation; SWOT; quantitative; decision-making model

引　言

近年来，全球各专利审查单位都面临着日益严重的专利积压问题，从根源上来看，除了经济的发展、技术的进步以及政策的引导外，同一发明创造寻求在多个国家取得专利保护带来的不同国家对基于相同技术方案的专利申请进行重复审查也是导致该状况出现的重要原因。

为了减少重复审查工作、缓解专利审查积压，世界各专利审查单位近年来一直在协同努力尝试建立各种国际专利审查合作机制，其中信息共享程度较深且使用也较为普遍的是基于检索与审查信息延后共享的专利审查高速公路，其使针对同一发明的申请、检索甚至审查的部分重复工作可以在一次程序中完成，在后审查该发明的审查单位可以参考或利用在先程序的结果。[①]

然而，由于两个专利审查授权体系中各种差异因素的存在，在任何国际专利审查合作机制中，在后审查单位面临着数量与质量的"两难"抉择：在一定程度上承受后续审查质量可能遇到的消极影响，是审查单位为了解决专利积压问题所必须付出的风险性成本。[②] 因此，专利审查高速公路需要建立起一整套信息共享体系，来保证在缓解专利积压的同时，将对审查质量的影响风险控制在合理的范围内。具体而言，审查合作的模式与信息利用的模式是潜在后续申请局在建立合作前首先需要选择的两个框架性基础。

本文将通过SWOT定量—定性决策模型厘清专利审查高速路对后续申请审查质量的影响机理，并基于调研所获得的决策主体信息，从风险控制的角度具体提供以下两个问题的决策方法：第一，在正式建立专利审查高速路前，潜在后续申请局应如何根据所处的内外部特定环境，在PPH与PCT-PPH两种专利审查高速路的合作模式中作出选择；第二，当潜在后续申请局已选择了专利审查高速路的某种合作模式后，在该合作模式内，如何根据内外部特定环境，对信息利用的模式作出选择。

[①] YoTakagi, WIPO's New Strategies on Global Intellectual Property Infrastructure, *World Patent Information*, 2010, Vol.32, Issue 5, pp.221-228.

[②] Jeremy Bock, Patent Quantity, *University of Hawaii Law Review*, 2016, Vol.153, Issue 38, pp.287-336.

一、专利审查高速公路审查合作模式的选择

PPH 与 PCT-PPH 是潜在后续申请局在拟建立专利审查高速公路时,需要选择的两种主要审查合作模式,其中:

PPH 是以巴黎公约为基础的专利审查信息共享合作模式,基于该模式,首次申请局的初步审查信息、专利检索信息以及实质审查信息可以被后续申请局利用,从而减少后续审查所需时间,以解决后续申请局的积压问题;

PCT-PPH 的基础则是专利合作条约(PCT),基于该模式,如果专利申请人在其 PCT 申请完成国际检索以及国际初步审查,并进入国家阶段后,提出加速审查的要求,后续申请局便可以利用国际检索以及国际初步审查的相关信息,达到缓解积压的作用。

上述两种模式在信息共享程度、审查质量控制机制、在先检索及审查信息约束力、申请人修改申请文件限制等方面均有较大差异,从总体来看,PPH 模式能够更有效地缓解审查单位的积压状况,PCT-PPH 则对后续申请局审查质量有着更小的消极影响。这两种合作模式没有绝对意义上的优劣,具体如何选择需要根据潜在后续申请局所处的内外部特定环境以及风险偏好,通过合理的决策工具予以判断。

由于拟加入专利审查高速公路的审查单位都面临着由重复国际申请导致的严重专利积压,因此,本文假定潜在后续申请局具有一定的风险容忍度,即为了达到"缓解专利积压"这一首要目标,可以接受控制在一定范围内的审查质量消极影响风险。基于此,本文将首先对"通过 PPH 的模式进行审查合作"进行决策,如果决策结果显示 PPH 模式对后续申请局审查质量产生消极影响的风险超过合理的程度,则再针对对后续申请局审查质量有着更小消极影响的 PCT-PPH 进行决策。

(一)决策工具

潜在后续申请局在选择具体的审查合作模式时,面临着对各模式中影响后续审查质量内外部积极与消极影响因素的比较与衡量,刚好与 SWOT 战略矩阵中优势、劣势、机会、威胁的要素相一致,因此,SWOT 分析法可以作为审查合作模式选择的决策工具。然而,定性的 SWOT 战略矩阵分析对各影响因素所占权重的评估很难形成一致意见,因此无法比较优势与劣势,以及机会对威胁的差值的方向与大小,最终的决策结果有较大程度的随机性。

针对 SWOT 战略分析矩阵在精确度方面的缺陷,国内外学者在具体研究中对其

进行了改进,发展出了基于专家评估的 SWOT 定量决策模型。[①②] 本文将参考国内外相关学者的研究成果,将经过调研和专家评估后的影响力参数输入 SWOT 定量决策模型,以得到量化的风险表征指标,再根据需要通过 SWOT 战略分析矩阵深入分析其原因,从定性的角度判断风险的来源,最终作出是否选择某一种审查合作模式的决定。决策的过程具体分为以下四个步骤:

第一步,通过文献研究与调研问卷的方式,搜集在某种特定审查合作模式中可能影响后续申请审查质量的因素;

第二步,将第一步中搜集的各因素按优势、劣势、机会以及威胁进行归纳,并通过专家打分的方式确定优势、劣势、机会及威胁中各因素的具体赋值;

第三步,将经过专家打分后的各因素赋值输入 SWOT 定量决策模型之中,并通过可视化的坐标图得出某种特定审查合作模式的风险类型;

第四,在风险类型的基础上,通过 SWOT 战略分析矩阵进行定性分析,最终得出是否采取该审查合作模式的决策。

(二)影响后续申请审查质量因素的调研

信息是控制决策实施的依据,也是检验决策正确与否的标尺。充分而准确的信息是保障决策模型准确输出结果的基础,通过调研获得后续申请审查质量的影响因素是本文决策的前提条件。

通过对现有文献的研究可以得出,专利审查高速公路对于潜在后续申请局是一把"双刃剑",既可能在审查效率方面产生积极影响,也可能在审查质量方面产生消极影响。

前者主要体现在:

第一,专利审查高速公路在信息方面的共享机制可以披露更多现有技术;[③]

第二,专利审查高速公路对在先审查的全流程参考能够提高后续申请局审查员的业务能力;[④]

第三,专利审查高速公路减少重复审查可以让审查员有充分时间对可专利性的

[①] 黄溶冰、李玉辉:《基于坐标法的 SWOT 定量测度模型及应用研究》,载《科研管理》2008 年第 1 期。

[②] Christine Oliver, Sustainable Competitive Advantage: Combining Institutional and Resource-Based Views, *Strategic Management Journal*,1997,Vol.18,Issue 9,pp.697-713.

[③] Alison Brimelow, Hitch a Hide on the Patent Highway, *Managing Intellectual Property*,2008,Vol.67,Issue 14, pp.21-23.

[④] 郑旋律、朱雪忠:《专利审查高速路对后续申请审查质量的影响研究》,载《情报杂志》2013 年第 7 期。

关键问题进行判断。[①]

后者主要体现在：

第一，首次申请局可能存在保护性审查的倾向，即对其本国申请主体所提出的申请放宽标准予以授权；[②]

第二，后续申请与首次申请如果采用不同的语言，则对于判断申请人是否有意改变了要求保护的范围存在一定的困难；[③]

第三，后续申请局所在国专利制度如果与首次申请局有较大差异，则利用首次申请局的审查意见导致授权的概率很大；

第四，后续申请局审查员判断专利制度差异性、语言差异性干扰以及免受在先审查意见干扰的业务能力可能较差，导致审查质量受到消极影响。[④]

基于上述，本文将从如下几个方面展开对影响后续申请审查质量因素的调研。

1. 对潜在首次申请局专利审查状况的调研

对潜在首次申请局专利状况的调研主要涉及专利授权时滞、专利积压指数、平均每件申请发出审查意见通知书的次数、授权专利在无效程序中的被维持率等。

2. 对专利制度差异性的调研

对专利制度差异性的调研，主要包括实体性制度与程序性制度两个方面。实体性制度方面主要调研专利授权的对象及排除、新颖性标准中关于现有技术和抵触申请的规定、创造性标准中关于"非显而易见"的认定以及实用性标准中关于工业应用程度的判定；程序性制度方面主要调研申请流程、审查关键节点、文件修改限制以及宽限期的相关规定。

3. 对申请语言差异性的调研

在专利代理实务中，由于成本的限制，代理人往往通过翻译软件而非专业的翻译服务人员来进行申请文本的翻译，翻译软件对于单词的翻译不会存在问题，而对于语

[①] Sílvio Sobral Garcez Júnior, Jane de Jesus da Silveira Moreira, The Backlog of Patent in Brazil: The Right to Reasonable Duration of the Administrative Procedure, *Direito GV Law Review*, 2017, Vol.13, Issue 1, pp.171-203.

[②] MalwinaMejer, Bruno van Pottelsberghe de la Potterie, Patent Backlogsat USPTO and EPO: Systemic Failure vs Deliberate Delays, *World Patent Information*, 2011, Vol. 33, Issue 2, pp.122-127.

[③] Dongwook Chun, Patent Law Harmonization in the Age of Globalization: the Necessity and Strategy for a Pragmatic Outcome, *Journal of the Patent and Trademark Office Society*, 2011, pp.128-163.

[④] 佘力焓：《专利审查国际协作制度构建之探析》，载《科技与法律》2014年第6期。

法结构的转换却显得没那么智能,[①]因此对申请语言差异性的调研将主要集中在语法结构上。

4.对本局专利审查状况与审查员素质的调研

关于本局专利状况调研的方法、内容与针对潜在首次申请局类似,也是主要针对专利授权时滞、专利积压指数、平均每件申请发出审查意见通知书的次数、授权专利在无效程序中的被维持率等。关于审查员素质的调研,主要从区分不同国家专利制度差异、对不同语言语法结构的熟悉程度以及独立于在先审查结论进行判断这三项能力上。

5.对拟合作技术领域创新能力差异的调研

如果潜在后续申请国在拟合作技术领域的创新能力显著落后于潜在首次申请国,创新市场上的势能差会导致潜在首次申请国的主体在潜在后续申请国大量布局专利申请,从而进一步加重后者的专利积压状况。因此,本文将直接引用现有研究的指标体系来调研拟合作技术领域创新能力差异。

(三)对优势、劣势、机会、威胁的评估

在调研影响后续申请审查质量的因素后,量化的评估分为两个步骤。

第一步,根据调研所得材料通过聚类归纳列出所有可能的外部积极与消极因素,以及可能的内部积极与消极因素,并将影响后续申请审查质量的因素按照机会O、优势S、威胁T与劣势W归类整理如表1所示。

第二步,根据表1中归类的影响因素设计调查问卷量表,将调查问卷量表以及调研所得材料传送给涉及自然科学技术、法学、经济学、管理学、语言学等各领域的内外部专家,由专家对各因素进行量化打分。

表1 影响后续申请审查质量因素分类表

后续申请审查质量的外部积极影响因素（机会O）	后续申请审查质量的外部消极影响因素（威胁T）
两国专利制度相似或差异性较小	两国专利制度差异性较大
两种申请语言相同或属于同一语系	两种申请语言差异性较大
首次申请局的检索与审查质量较后续申请局高	首次申请局的检索与审查质量较后续申请局低
首次申请局的专利审查周期较后续申请局短	首次申请局的专利审查周期较后续申请局长
提升后续申请局审查员检索与审查技能	首次申请国在拟合作领域的技术创新能力较强
披露更多现有技术信息	首次申请局的专利积压比后续申请局严重

---

① John A Tessensohn, The Scylla of Accelerated Examination and Charybdis of Competitor Coverage-Prospering from the Patent Prosecution Highway, *E.I.P.R*, 2011, Vol.33, Issue 6, pp.357-367.

续表

后续申请审查质量的内部积极影响因素（优势 S）	后续申请审查质量的内部消极影响因素（劣势 W）
后续申请局审查员免受专利制度差异性干扰的能力较强	后续申请局审查员免受专利制度差异性干扰的能力较弱
后续申请局审查员免受申请语言差异性干扰的能力较强	后续申请局审查员免受申请语言差异性干扰的能力较弱
后续申请局审查员免受在先审查意见干扰的能力较强	后续申请局审查员免受在先审查意见干扰的能力较弱
后续申请局审查员学习能力较强	后续申请局审查员学习能力较弱
后续申请局在参与专利审查高速路前专利积压状况并不严重	后续申请局在参与专利审查高速路前专利积压状况较为严重

需要说明的是,在量化评估的第二步,应当根据变量性质的不同而区别处理:外部的机会(O)与威胁(T)都是一种未来可能会发生作用的概然性影响因素,影响力取决于该因素发生的概率与发生的强度。

用 F_O 表示机会影响力,F_T 表示威胁影响力,P_O 表示机会发生的概率,P_T 表示威胁发生的概率,M_O 表示机会强度,M_T 表示威胁强度,则有:

$$F_O = P_O \times M_O \qquad F_T = P_T \times M_T \tag{1}$$

内部的优势(S)与劣势(W)都是一种现实存在的影响因素,影响力取决于该因素的重要性与发生的强度。

用 F_S 表示优势影响力,F_W 表示劣势影响力,I_S 表示机会重要性,I_W 表示劣势重要性,M_S 表示优势强度,M_W 表示劣势强度,则有:

$$F_S = I_S \times M_S \qquad F_W = I_W \times M_W \tag{2}$$

每项机会、威胁的发生概率及强度,每项优势、劣势的重要性及强度均由在专家打分的基础上通过求均值得出。

用 S 表示总优势影响力,$F_S^i(i=1,2,\cdots,n)$ 表示第 i 个因素的优势影响力,则有

$$S = \frac{\sum F_S^i}{n} \tag{3}$$

用 W 表示总劣势影响力,$F_W^i(i=1,2,\cdots,n)$ 表示第 i 个因素的劣势影响力,则有

$$W = \frac{\sum F_W^i}{n} \tag{4}$$

用 O 表示总机会影响力,$F_O^i(i=1,2,\cdots,n)$ 表示第 i 个因素的机会影响力,则有

$$O = \frac{\sum F_O^i}{n} \tag{5}$$

用 T 表示总威胁影响力,$F_T^i(i=1,2,\cdots,n)$ 表示第 i 个因素的威胁影响力,则有

$$T=\frac{\sum F_T^i}{n} \tag{6}$$

(四)量化风险类型

本文中风险类型的量化通过 SWOT 定量决策模型所对应的可视化的坐标图来实现,如图 1 所示,X 轴正值侧代表总优势影响力,X 轴负值侧代表总劣势影响力,Y 轴正值侧代表总机会影响力,Y 轴负值侧代表总威胁影响力。

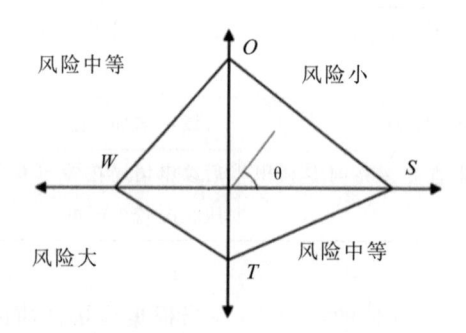

图 1 风险类型与战略强度谱系极坐标(一)

如图 1 所示,将根据(3)—(6)式得出的 S、W、O、T 的数值分别在坐标轴的相应位置标出,决策战略四边形由将上述四个点依次连接获得,用 $P(x,y)$ 表示决策战略四边形的重心坐标,则有

$$x=\frac{S+W}{4} \quad y=\frac{O+T}{4} \tag{7}$$

$\theta[0<\theta<2\pi]$ 为风险类型的方位角,则有

$$\theta=arctg\frac{y}{x} \tag{8}$$

选择某种审查合作模式的风险类型由上述方位角在坐标系中所处的象限确定,从总体上显示了在这种合作模式下潜在后续申请局遭受消极影响的概率与程度。

以对"两局建立 PPH"风险类型的分析结果为例,如果:

"两局建立 PPH"的风险方位角 θ 位于第一象限,说明通过 PPH 的合作模式对后续申请审查质量消极影响的风险较小,可以作出"采用 PPH 的合作模式"的决策;

"两局建立 PPH"的风险方位角 θ 位于第二象限,说明通过 PPH 的合作模式对后续申请审查质量消极影响的风险在可以接受的范围内,可以作出"采用 PPH 的合作模式"的决策,但需要对外部风险因素进行实时监控;

"两局建立 PPH"的风险方位角 θ 位于第三象限,说明通过 PPH 的合作模式对后续申请审查质量消极影响的风险在可以接受的范围内,可以作出"采用 PPH 的合作模式"的决策,但需要对内部风险因素进行实时监控;

"两局建立PPH"的风险方位角θ位于第四象限,说明通过PPH的合作模式对后续申请审查质量消极影响的风险较大。但是,仅凭定量模型的输出结果,不能直接作出选择PCT-PPH的合作模式,因为定量模型难以明晰PPH合作模式后续申请审查质量受到消极影响风险过大的深层原因。在某些情形下,存在着共线性的风险因素,换用另一种模式很可能无法改善局面。为了提高决策的科学性与准确性,需要进一步使用SWOT战略分析矩阵进行分析。

(五)SWOT战略分析矩阵

使用SWOT战略分析矩阵进行定性分析,需要各项劣势、威胁根据内外部专家评估的值由大到小排列,将各项机会与优势根据内外部专家评估的值由小到大排列,如表2所示,并找寻劣势、威胁、机会与优势的一一对应关系,就有可能找到风险方位角处于风险较大象限的深层原因,从而决定是否有必要换用PCT-PPH模式。当SWOT定量决策模型的输出结果显示,通过"PPH的模式合作"这一决策的风险方位角θ位于第三象限时,可以判断外部威胁(T)与内部劣势(W)过大,因此在SWOT战略分析矩阵分析时,主要针对W-T策略来进行,即克服劣势、回避威胁。

表2 SWOT战略分析矩阵

外部因素	内部因素	
	后续申请局的内部优势(S): S_1、S_2、S_3、S_4……	后续申请局的内部劣势(W): W_1、W_2、W_3、W_4……
后续申请局的外部机会(O): O_1、O_2、O_3、O_4……	S—O 发挥优势、利用机会	W—O 利用机会、克服劣势
后续申请局的外部威胁(T): T_1、T_2、T_3、T_4……	S—T 发挥优势、回避威胁	W—T 克服劣势、回避威胁

现实中的风险是由多种复杂因素导致的,本文在此列举四种典型的情况,为用SWOT战略分析矩阵进行定性分析提供范例。假设通过SWOT战略分析矩阵分析,发现通过PPH的模式进行审查合作分别由表3中的各因素组合导致风险过大。

表3 导致风险过大的因素组合

情形	外部威胁	内部劣势
Ⅰ	潜在首次申请局巴黎公约途径的专利积压比潜在后续申请局更为严重	潜在后续申请局巴黎公约途径的专利积压状况不如潜在首次申请局严重,但也不容乐观
Ⅱ	潜在首次申请国在拟合作领域的技术创新能力远超过潜在后续申请国	潜在后续申请局在参与PPH前的专利积压情况较为严重

续表

情形	外部威胁	内部劣势
Ⅲ	两国专利制度差异性较大	潜在后续申请局的审查员尚不具备精确分辨两种专利制度差异性,并有选择地利用在先检索与审查意见的能力
Ⅳ	两国语言差异性较大	潜在后续申请局审查员免受申请语言差异性干扰的能力较弱

在情形Ⅰ中,威胁与劣势都源于专利积压,间接威胁还有首次申请局由专利积压导致的审查质量问题。在PCT-PPH下,申请人通常会选择专利积压没那么严重的首次申请局,因此情形Ⅰ中如果采用PCT-PPH,潜在首次申请局中更为严重的积压状况进一步对潜在后续申请局产生影响的可能性较小。并且,由于PCT-PPH中在先审查单位的审查会受到《专利合作条约》的标准化限制,审查质量也会有一定的保障。因此,在情形Ⅰ中转而选择PCT-PPH可以减小潜在后续申请局遭受消极影响的概率与程度。

在情形Ⅱ中,威胁源于创新上的势能差会导致潜在首次申请国的主体通过PPH在潜在后续申请国大量布局专利申请,从而加重潜在后续申请局在专利积压方面原本就存在的劣势。此时如果选择PCT-PPH,会在一定程度上削弱创新强国在创新后发国家布局专利的意愿。因此,在情形Ⅱ中转而选择PCT-PPH可以减小潜在后续申请局遭受消极影响的概率与程度。

在情形Ⅲ中,威胁与劣势分别源于制度差异及对制度差异的辨别力。由于通过PCT-PPH可以使得潜在后续申请局通过对双边协议的管理,而熟悉其他国家专利制度中:实体性制度方面关于专利授权的对象及排除、新颖性标准中关于现有技术和抵触申请的规定、创造性标准中关于"非显而易见"以及实用性标准中关于工业应用程度的判断标准;程序性制度方面主要调研申请流程、审查关键节点、文件修改限制以及宽限期的相关规定。因此,在情形Ⅲ中转而选择PCT-PPH可以减小潜在后续申请局遭受消极影响的概率与程度。

在情形Ⅳ中,威胁与劣势分别源于语言差异及对语言差异的辨别力,通过分析可以得知以语法结构为主要差异点的语言差异性,对于PPH合作模式与PCT-PPH合作模式属于共线性的影响后续审查质量的消极因素,从克服劣势、回避威胁的战略角度来看,换用PCT-PPH合作模式难以降低风险。

综上,在上述前三种情况中,可以初步判断PCT-PPH是更为适合潜在后续申请局的合作模式,然而并不能直接决策采用该模式,而是再返回决策流程的起点对PCT-PPH模式进行调研、评估与决策。在第四种情况中,由于PPH与PCT-PPH均不能克服劣势、回避威胁,应当在模型中设置出口,终止本次决策。

二、专利审查高速公路信息利用模式的选择

专利审查高速公路本质上是可专利信息的共享机制,上文中所选择的合作模式是信息共享的组织形式,当潜在后续申请局经过上述决策已选择了某种合作模式后,需要进一步决策应如何根据内外部特定环境,采取具体的信息共享机制。

与 PCT 等其他信息共享程度较低的国际专利审查合作模式相比,专利审查高速公路中后续申请局是"利用"而非"参考"首次申请局的可专利信息,该信息对后续申请局具有约束力。信息利用的具体模式包括仅利用首次申请局的检索信息与利用首次申请局的审查信息。

仅利用首次申请局的检索信息,属于相对保守的信息利用模式。检索是可专利信息判断的第一步,在检索中所涉及问题的本质是技术性的,不存在地域性的差异,两个审查单位只要采取的检索策略比较接近,检索结果的重合度将会非常高。所以,当仅利用首次申请局的检索信息时,潜在后续申请局遭受消极影响的概率相对较小。但是,仅利用审查信息意味着潜在后续申请局仍然需要完成可专利性判断等审查的工作,因此难以显著缓解专利积压状况。

利用首次申请局的审查信息,属于相对激进的信息利用模式。审查决定是在检索所获得技术信息的基础上结合专利授权的法定条件而作出的,利用首次申请局的审查信息必然会一并利用其检索信息。相比客观的检索技术信息而言,审查信息的本质是一种合法性的判断,由于各国家或地区专利制度对新颖性、创造性、实用性以及单一性等专利授权法定条件的规定有较大差异,各审查单位基于同样的现有技术文件很可能会作出不同的审查决定。因此,利用首次申请局的审查信息能够显著缓解专利积压状况,但是潜在后续申请局遭受消极影响的概率也会增大。

综上,专利审查高速公路中两种信息利用的模式都具备明显的优点与缺点,具体选择哪种模式,同样需要根据潜在后续申请局内外部特定环境与风险偏好通过合理的决策工具予以判断。本文将在上述 SWOT 定量决策模型的基础上引入战略强度对"如何选择信息利用模式"进行方向性的判断,再结合 SWOT 战略分析矩阵进一步提高决策的可靠性。

(一) 基于 SWOT 定量决策模型的战略强度分析

如图 2 所示,在 SWOT 定量决策模型的基础上,引入模 ρ 作为战略向量的另一个参数,即用坐标 (ρ,θ) 来表征潜在后续申请局的战略向量。

战略向量的模 ρ 的计算公式为

$$\rho = \frac{O \times S}{O \times S + T \times W}[0,1] \tag{9}$$

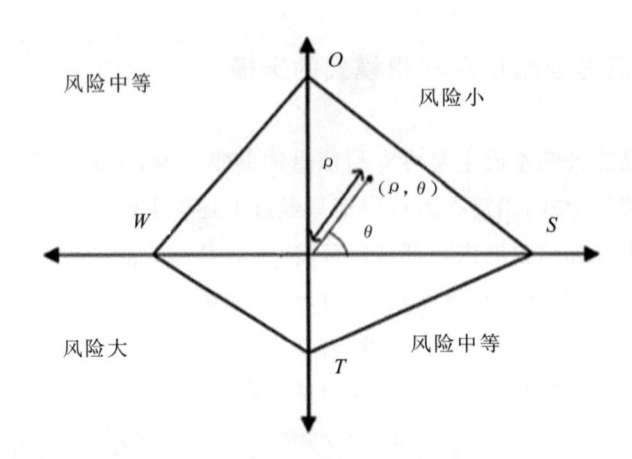

图2 风险类型与战略强度谱系极坐标(二)

当潜在后续申请局已经完成本文上述决策过程,选择了特定的审查合作模式,战略向量模 ρ 的意义在于表明在该审查合作模式下,面对"缓解专利积压"与"防范消极影响"的两难决策时,潜在后续申请局应采取的战略强度。以0.5为临界点:当 $\rho>0.5$ 时,潜在后续申请局应当在战略上相对激进以缓解专利积压,即偏向于利用首次申请局的审查信息;当 $\rho<0.5$ 时,潜在后续申请局应当在战略上相对保守以防范消极影响,即偏向于仅利用首次申请局的检索信息。

不过,ρ 的数值低受多重复杂因素的影响,某些情形可以通过保守的信息利用策略规避消极影响的风险,某些情形则不行。因此,单纯通过定量的方式无法精确地对后续申请局的信息利用方式作出决策。因此,本文将在定量战略强度的基础上,通过SWOT战略分析矩阵进行具体化的定性分析,以进一步提高决策的可靠性。

(二)SWOT战略分析矩阵分析

与合作模式的选择类似,本文在此也将针对 ρ 值偏小这一定量分析结果,由专家对各项劣势、威胁进行评估,在表2中结合W-T策略重点分析导致外部威胁(T)与内部劣势(W)过大的因素,以及"仅利用检索信息"的信息利用机制是否可以克服劣势、回避威胁。

本文在此列举可能导致 ρ 值偏小的四种典型情况,为用SWOT战略分析矩阵进行定性分析提供范例。假设通过SWOT战略分析矩阵进行定性分析可以发现,分别由表4中的各因素组合导致战略强度较小。

表 4　导致战略强度较小的因素组合

情形	外部威胁	内部劣势
Ⅰ	两国专利制度差异过大	潜在后续申请局的审查员尚不具备精确分辨两种专利制度差异性的能力
Ⅱ	两国语言差异过大	潜在后续申请局审查员不具备分辨译文与原文差异的能力,且机器翻译无法精确表达原文
Ⅲ	潜在首次申请国在拟合作的技术领域的创新能力远强于潜在后续申请国	潜在后续申请局的专利积压状况已不容乐观
Ⅳ	首次申请局的检索与审查质量较后续申请局低	后续申请局审查员免受在先审查意见干扰的能力较弱

在情形Ⅰ中,威胁与劣势分别源于制度差异及对制度差异的辨别力。潜在后续申请局如果仅利用首次申请局的检索信息,即使二者对"非显而易见性"判断标准差异较大,针对现有技术的检索信息也是完全可以利用的。潜在后续申请局可以在检索信息的基础上,严格按照创造性判断标准的"三步法"进行审查,就可以对审查的可专利进行判断。因此在情形Ⅰ中,仅利用首次申请局的检索信息可以规避由制度差异带来的消极影响。

在情形Ⅱ中,威胁与劣势分别源于语言差异及对语言差异的辨别力。由于检索信息与审查信息不同,不涉及通过中心限定或周边限定的方式对申请文件中某一具体描述的含义进行解释以确定保护范围,也不涉及判断界定某一技术术语的准确指代以确定权利要求是否完全得到说明书的支持。检索信息基本由技术特征、图片、公式、化学分子式等通用语言组成。因此,仅利用首次申请局的检索信息不会受到语言差异性的太多影响。

在情形Ⅲ中,威胁源于创新上的势能差会导致潜在首次申请国的主体通过 PPH 在潜在后续申请国大量布局专利申请,从而加重潜在后续申请局在专利积压方面原本就存在的劣势。

此时,潜在后续申请局仅利用首次申请局的检索信息,会使首次申请国利用专利审查高速路在后续申请进行"专利布局"的动机受到削弱,从而可以规避后续申请审查质量下降的风险。

在情形Ⅳ中,威胁源于首次申请局的审查质量,劣势源于后续申请局的审查员素质。此时,仅利用首次申请局的检索信息,再由后续申请局自行判断申请的可专利性,虽然可以规避后续申请局审查员免受在先审查意见干扰的能力较弱的内部劣势,但首次申请局的检索质量低这一外部威胁依然存在,并且会从源头上影响后续申请局的专利审查质量。在这种情形下,通过定性可以得出"仅利用检索信息"无法规避导致战略强度低的因素。

综上,在上述前三种情况中,可以初步判断"仅利用首次申请局的检索信息"对潜在后续申请局而言是更理性的信息利用模式,不过在此同样不能直接决策采用该模式,而应当对该模式的战略强度进行分析。在第四种情况中,由于两种信息利用模式均不能克服劣势、回避威胁,因此也应当在模型中设置出口,终止本次决策。

结　论

本文从后续申请审查质量事前控制角度,设计了基于SWOT定量—定性决策模型的国际专利审查合作模式选择机制和信息利用模式选择机制。

潜在后续申请局在经过对专利审查高速路某种模式后续申请审查质量影响因素的调研和评估后,将相关参数输入SWOT定量决策模型中,根据模型输出的风险类型判断后续申请审查质量受到消极影响的概率。然而,模型的输出结果不能说明风险较大或较小的深层原因。为了决策的科学性和准确性,潜在后续申请局还应通过SWOT战略分析矩阵深入分析其原因,以便判断风险过大是不是因为采用这种模式引起的,换用另一种模式能否使局面有所改善。如果定量决策模型输出的结果与定性结论相符,则据此作出选择或不选择某种模式的决策。

假定潜在后续申请局已通过上述的决策机制选择了一种合作模式,那么在该模式内,"仅利用首次申请局的检索信息"是一种求稳保守的策略。相比于"利用首次申请局的审查信息","仅利用检索信息"较难缓解后续申请局专利积压,但在特定的内外部环境下,能避免后续申请审查质量受到更为严重的消极影响。在具体的决策中,本文在SWOT定量决策模型的基础上引入了战略强度参数,该参数为潜在后续申请局是否应在某一模式下"仅利用检索信息"指出了大致的方向。然而,SWOT定量决策模型输出的战略强度系数仍然无法精确表示出潜在后续申请局是否应通过"仅利用检索信息"规避后续申请审查质量不高甚至低劣的风险,有必要结合SWOT战略分析矩阵,深入分析战略强度系数较大或较小的原因,从而判断"仅利用检索信息"能否克服内部劣势,以回避外部威胁。当利用两种决策工具得出的结论互相印证时,作出是否"仅利用检索信息"的决策,才能降低决策失误的风险。本文也列举了可能导致战略强度偏小的四种典型情况,为用SWOT战略分析矩阵进行定性分析提供了范例。

知识产权法学与管理深度融合教学探索：
教学案例及优化策略

黄国群[*]

摘　要：知识产权教育中法商结合，法律传统与管理思维的融合是现代知识产权教育的应有之义。现代知识产权教育已经从法学主导转向法律与管理并举，需要在相关教育中体现二者的融合。文中结合一组案例深度分析同一案例可以同时让学生理解到学科的差异和思维方式的进路，学到更多有用的知识。在专利创造性、商标内涵与商誉关系、物权思维与知识产权商业化、许可、商标的延伸性注册等领域法律与管理融合性高，适合深度融合式教学。具体教学中应该普及法律法理层面内容，法理与管理相融相通，法教义学的一些方法、系统法学系统思维天然具有弥合作用，类似方法的引入可以弥补学科差异的缝隙。具体措施上，应有正确的定位，传授相关方法技能等。

关键词：知识产权法；知识产权教育；知识产权管理；教育优化

Teaching Exploration of the Deep Integration of Intellectual Property Law and Management: Teaching Cases and Optimization Strategies

Huang Guoqun

Abstract: Integration of law and business in intellectual property education and integration of legal tradition and management thinking are the proper meanings of modern intellectual property education. Modern intellectual property education has shifted from law-oriented to law and management simultaneously. It is necessary to reflect the integration of the two in relevant education. Combining with a case, this paper deeply analyses that the same case can help students understand the disciplines differences and ways of thinking at the same time, and learn more useful knowledge. It is evident in the fields of patent creativity, trademark connotation

---

[*] 黄国群，男，华东政法大学知识产权学院副教授。

and goodwill relationship, property right thinking and commercialization of intellectual property rights, licensing, extension registration of trademarks and so on. The content of legal jurisprudence should be popularized in specific teaching. Legal management and management are the same. Some methods of legal dogmatics and systematic legal thinking naturally have the function of bridging the gap between disciplines. The introduction of similar methods can make up for the gap between disciplines. The specific measures should be correctly positioned and relevant methods and skills should be imparted.

Key Words：Intellectual Property Law；intellectual property education；intellectual property management；education optimization

引 言

高校知识产权本科教育中法商结合、复合培养已经是教育界和理论界的共识。长期以来,现有知识产权学历教育中,学科分野明显、顾此失彼,毕业学生的单向度思维使其很难适应企业知识产权法务及其管理等实践需要。究其原因,知识产权是典型的复合性学科,相关实务往往是综合性业务,但知识产权专业学生在校期间常囿于单一领域知识而忽视相邻和相近领域的知识,如知识产权管理、经济等,学生知识体系不健全、教学单一化是现有知识产权本科教育的普遍现实。事实上,尽管学科知识之间的分野明显,但从知识论视角来看,知识之间是内在统一的;学科间固然存在壁垒,但学科知识之间的联系非常明显。在专业老师的引导下,很多知识点既可以体现出传统知识产权法教义思想,也能透出知识产权管理的思维方法,二者可以实现有机的融合与统一。本文在对相关案例分析进行的基础上,指出能同时反映知识产权法学传统与管理深度融合的具体领域,并探讨教学方面、教学路径与实现二者融合的路径与优化办法,并给出教育优化对策。

一、从法学主导到法律与管理并重的知识产权教育转向

(一)社会现实对知识产权教育的要求

上海大学知识产权学院前院长陶鑫良教授经过多年的诉讼、教学实践,归纳出知识产权法律与商业的关系:"法律背后是商业,诉讼背后是利益","醉翁之意不在酒,

讼争本质是商战"。① 知识产权作为以创新为核心,以法律保护为基础的财产,已经演化为一种商业竞争的手段,其涵盖领域从创意到创新,与文艺经管、理工农医高度交叉,几乎和国民经济所有领域相关,而且知识产权本身是动态发展的,其内核不断被充实装入新的东西。如果仅将眼光停留在权利的创设与保护上,那么我们将很难受益于这一制度。故应多视角全方位地认识知识产权,特别需要从商业的角度去运营知识产权,使之成为我国企业商业竞争的有力武器,为企业带来经济效益。从这个意义上说,知识产权并非单纯的法律财产,更是企业运用权利的竞争工具和商业策略,是增强企业技术实力、竞争能力和获利能力的法律筹码。毋庸讳言,在20世纪的大部分时间内,知识产权在发展商业、创造财富的过程中扮演的角色,相对而言微不足道。随着知识经济的深入,我国改革开放和市场经济的不断完善,早已今非昔比,学界和产业界对知识产权的重视程度显著提升,很多小企业也开始重视知识产权,可以说现在情况大为改观。正如学者 Rivette 和 Kline 所言,"知识产权管理是公司价值创造的来源"②。随着我国市场经济的深入,知识产权管理已经成为显学,围绕知识产权的体制建设、基础管理、经营策略和风险管理等专业性活动,已是企业日常经营管理的重要构成部分。

我国企业学习国外发达国家跨国公司在知识产权经营管理方面的思路、策略和技巧,绝非一朝一夕可速成。提升社会总体知识产权意识,增强利用知识产权制度的能力,离不开数量足够多的知识产权专业人士。如果知识产权专业人士只懂得法律规范层面的知识产权,不懂得经营管理层面的知识产权,可以断言,这样的"专业人士"难以担当重任,很难让企业透过知识产权提高竞争能力和获利能力。为此,唯有大学对知识产权人才的教育培养,跟进形势的发展,甚至前瞻性布局,培育学生对知识产权经营管理的意识和能力,方可满足企业对知识产权经营管理的人才需要;这些毕业的人才进入企业以后,也能推动我国企业开展知识产权的经营管理,唯其如此,我国企业对于知识产权的法律意识和运用能力才能飞速提高。

(二)从法学主导到两种教育并重

将知识产权法律知识与法律理论作为主要的或者唯一的教学内容,显然不再适应社会的需求和时代的发展。重视知识产权经营管理,培养法学学生知识产权管理思维已经在知识产权教育界取得了基本共识。一些大学开始在知识产权专业或研究法方向,开设知识产权经营管理类课程。我国知识产权人才的教育,逐渐从传统的法学思维,开始转向经营管理的思路。这从知识产权学院名称细节中可以看出。原华东政法大学校长何勤华教授对该校知识产权学院领导谈话时曾动情地说,"当年成立

---

① 陶鑫良、张冬梅:《我国知识产权人才培养与学科建设的沿革回顾与发展建言》,载《中国发明与专利》2018年第15期。

② Kevin G. Rivette and David Kline, Discovering New Value in Intellectual Property, *Harvard Business Review*, January-February 2000.

知识产权新学院时,学院名称不是'知识产权法'学院,而是'知识产权'学院,就是给你们尝试空间,拓展除知识产权法之外的其他学科领域"。近年来,我国各地高校纷纷成立新的知识产权学院,名称均为"知识产权"学院,而不是"知识产权法"学院,这一字之差的细节折射出学界普遍认可知识产权教育应该是在知识产权法基础上,涵盖包括知识产权管理、经济等其他学科领域。

(三)知识产权领域"法商"结合、"法管"结合的现状及不足

就目前知识产权专业(或方向)的教学课程来看,绝大多数大学的知识产权学院、知识产权专业(或方向)是建立在法学学科的基础之上,因而其课程设置和教学思路都被深深烙上了法学传统教育的烙印。相比于根基深厚的知识产权法学教育,知识产权的管理教育则是一个相对新鲜的事物,在如何教育培养,如何设计课程,如何提升知识产权管理思维,实现知识产权管理理论与实践融合方面尚缺少经验。实践中普遍存在如下几个方面的问题:

1."法强管弱",偏重法律轻运营现象比较普遍。[①] 笔者作为知识产权领域多年耕耘者,感受到知识产权管理教师学术共同体尚小,没有足够体量。作为法商交叉领域,知识产权管理尽管在理论上价值意义比较大,但由于各种原因,从事知识产权管理领域教学的教师及研究人员总体数量偏少。

2."两张皮"现象比较明显。知识产权法学教育与管理教育不相往来,各说各的,学科间融合程度、融合深度方面不尽理想。教育理念上对传统法学教育的偏重导致了目前针对知识产权开设的课程仍偏向于法学单向维度,而在开设的课程中也多侧重于法教义学层面上对知识产权法律的研究,法商结合的复合型课程相对较少,且在较多高校的课程设置中难见踪影,这直接导致了知识产权管理教育难以发挥其在知识产权整体教育体系中应有的影响力,难以实现法律与管理间的有机融合。

3.缺乏能反映二者深度融合的知识产权管理教材。上海大学知识产权学院袁真富教授曾形象地描述这一现象:市面上很多挂着"管理""管理实务""攻略""战略"之类的貌似知识产权经营管理或法律实务的著作(甚至教材),都是挂着管理的"羊头"卖法律的"狗肉"。[②] 有些著作脱离不了知识产权"假"管理或知识产权"空"管理的窠臼。[③] 此外,现有相关教材的设计内容也多是知识普及型,而非知识运用型。绝大多数相关知识产权法学教材及知识产权管理都是在论述概念、特征、内容、区别和意义,流于表层,对知识产权作用深层机理及创造性运用等内容偏少。

4.实践中成功实现知识产权法与知识产权管理深度融合的经典案例与培训经验偏少,且与教学间存在一定的断层。管理与实践紧密结合的性质决定了知识产

[①] 陶鑫良:《知识产权运行人才的培养模式》,载《河南科技》2016年第22期。

[②] 袁真富:《知识产权教育法学传统与管理思维》,载《中国知识产权人才培养研究》,上海大学出版社2016年版。

[③] 袁真富:《公司知识产权管理:视角与构架》,载《中国知识产权报》2014年7月30日。

权管理教学应从实践中来、到实践中去,企业、律所等实务部门中的案例、经验系教学中的宝贵素材。但考量目前现状:一方面,知识产权在我国起步较晚,且地区间发展不平衡,目前对知识产权管理的实践尚处于探索阶段,故成功经验相对较少;另一方面,当前知识产权管理教学与实践间缺少稳定、体系的链接沟通渠道,实践中的大量案例难以作为素材被直接运用到课堂教学中。

凡此种种,反映出当下我国知识产权学界及人才培养中知识产权法学教育与知识产权管理教育割裂的现实,这一现状亟须改变。对特定知识产权学院"重法律轻管理"的设计和定位来说,没有明显的不妥之处。知识产权法律知识的教育在培养知识产权人才时的基础地位不能撼动,法学教育是其中不可或缺、不可替代的部分。但众多院校普遍仅停留在传统教学设计与教学模式上,没有创新与推进,显然不利于知识产权复合型人才培养,这应引起足够重视。知识产权法学与管理教学深度融合或许是一条化解该领域主要矛盾的路径。

二、知识产权管理与法律教学深度融合的正当性及融合领域

(一)知识产权法律与管理教学深度融合的正当性

在当今商业社会,知识产权的意义不仅在于法律层面对权利的保护,更在于是企业参与市场竞争的重要工具,国家建设自主创新体系、建成创新型国家的突破口。由此,相较于传统的知识产权法律教育,如今更强调知识产权法律与管理教学的深度融合,借此可进一步实现:

1.快速培养适应未来国家创新发展需要的复合型人才

在中国自主创新发展进程中,需要大量的复合型人才,但迄今绝大多数高校教学依附于法学专业、疏于对学生整合性的经营管理能力的培养,较难满足企事业单位知识产权经营管理人才培养的实践需求。知识产权法律与管理深度融合,意味着所传授内容更实践导向、案例化、问题导向。这样的课程设计在内容上更贴近实战,有利于快速培养学生的实践能力。知识产权法律与管理教学深度融合,能培养适应复杂创新与商务情景的能力,有利于培养懂管理、懂经营的知识产权经营管理人才。

2.促进现有知识产权教学各模块间知识的衔接

模块化教学在实践中应用比较普遍,有其合理性,如有浓厚的结构主义思想,通过知识模块的结构化安排及优化,构建学生的知识基础(knowdge base),帮助学生形成特定领域的思维和能力。但关于不同模块如何衔接,如何增强实践方面,知识产权管理类课程可以发挥特有作用,特别是知识产权管理重知识整合、贯通,一些方法论可为不同模块采用,促进学生对相关知识模块的整合与融通,从而促进知识结构合理与改善。

3.教师的深度融合教学,可为学生展示知识之间的互通及兼容性

教师课堂上的法律与管理深度融合教学,可为学生展示实践中相关知识的灵活运用情况,教师自身专业的复合有利于复合培养的顺利开展。国外相关从业老师的教育经历和从业经验等比较丰富,能涵盖多个领域,教师自身的复合性教学背景及专业能力特色明显,可有效增强知识产权法律与管理深度融合,提高教学效果。

(二)知识产权法学传统与管理深度融合的一些具体领域

如上文所述,从知识本体论角度来看,无论法学,还是管理,均在本体层面有一致性的一面。之所以有法学与管理的区分,主要取决于知识导向、价值目标的不同,如从价值角度来看,法律追求整体公平与正义的秩序,管理和商业则追求效率和效益的秩序,二者确有不同。尽管有这些不同,但二者可实现深度融合,如在商标法领域,在商标流通环节商标与商誉融合、具有一致性,法律所保护的也是管理主体建构和维护的,从这个方面来看,二者是深度融合的;在商标显著性与商标商誉等具体领域,也体现了这样的规律。再如商标的延伸性注册、抢注规制问题等常见现象的法律思考与管理问题高度融合。事实上,知识产权物权思维与知识产权商业化的高度关联与一致、与市场营销等方面高度契合,知识产权应用、战略,知识产权布局等无不和知识产权管理中经济思维、管理思维高度相关。法律和管理在知识产权领域中大多数领域是高度融合的,只是程度不同而已。通过对这些领域进行开发,可以引导学生在研习法律的同时培养管理思维和管理技能。

在实务能力方面,如诉讼业务中的诉讼策略攻防所用技巧,对应经济学中的博弈论,整体诉讼过程的管理在管理层面则是项目管理内容;在确权及司法判断方面,整个判断和评价过程和管理学中决策系统是一致的。知识产权管理与法律深度融合既是知识产权法律深入的需要,也是知识产权管理具体应用深入的应有之义。

三、知识产权管理与法律深度融合的几个案例

以现代知识论角度视之,知识是相通的,如投资学中查理·芒格提出的"格栅理论"[①],知识不应当作相互孤立的学科,知识之间存在相通性,各个学科是相互交叉的,而且彼此在交叉的过程中都得到了加强。一个爱思考的人会从每个学科中得出非常出色的思维模型,在这些重要的想法中相互借鉴,产生融会贯通的理解。在这个方向上深耕的人,正在逐步掌握普世智慧。而那些固执于某个学科的人,即便能够成功,也只是昙花一现。现代大学教育理论强调通识学习,本科教学中强调宽口径、厚基础、精技能,突出宽厚的学科基础知识,学习是非点状的,知识要成面、成块,这无不是强调知识的互通性、同构性。这里以一组案例的教学为例来说明。

---

① 张鹏:《最好的投资策略与"格栅理论"的精髓》,载《中外管理》2020年第6期。

案例一来自版权领域，比较有代表性，贴近实际。案例二来自电子商务平台知识产权管理，主要是商标的风险防范与治理。两个综合案例均能在一个案例教学中同时从知识产权法学和知识产权管理两个向度进行分析，使得学生在面对同一个实践案例时能够多角度分析知识产权问题。

（一）案例一：苏绣作品涉嫌侵权，引发业界关注

一幅取材于油画《贵妃醉酒》的同名苏绣作品，其销售者 S 刺绣店铺与制作者 Z 被告上法庭。原告 J 公司经许可对油画享有专有使用权，其认为制作者 Z、店铺 S 未经许可即擅自生产、销售以《贵妃醉酒》为底稿的刺绣产品构成侵权。Z 则认为："苏绣是我一针一线辛辛苦苦绣出来的，跟油画毕竟不同，不应赔偿。"请问：作为苏绣文创公司的知识产权总监，常规的工作及重点工作是什么？通过怎么样的安排可服务于公司总体发展战略？

本案例反映了实践中的真实案例，如果从法学教育的角度来看，可能主要会探讨 Z、S 的行为是否侵犯了 J 公司的专有使用权，是否要承担赔偿责任？如从知识产权经营管理的角度出发探讨，则可讨论苏绣文创公司应如何应对类似侵权诉讼？其风险管理与经营策略、知识产权发展策略应当为何？

由此不难发现知识产权法和知识产权管理在价值追求、目标取向等方面的区别与融合。一方面，经营管理思路主要建构在法学分析的基础之上，两者不可偏废，缺一不可，如果没有法律知识的背景，则很难展开经营管理的思路。另一方面，苏绣侵权与管理的两种分析方向，比较清晰地折射出法学思维和管理思维及其在知识产权教育中的不同进路。对于法学专业学生，可轻易运用知识产权基本原理及规定得出是否侵权、应予赔偿的结论；但在实践中相比于"是"或"否"的简单结论，更强调在争议解决过程中应如何在多种争议解决方式中选取最佳路径、如何运用各种策略以促成该路径的达成；以及应如何在事前更好地制定知识产权整体管理战略、协调公司不同部门等以避免争议的发生，而这正是传统教育中所缺失的。实践中的情形纷繁复杂，商业、管理的思维能力与法学思维同等重要，通过对课堂中模拟情境的分析，乃至对管理、谈判等的实战演练，可推动学生法律知识与管理思维的深度融合。

（二）案例二：小王经理的知识产权法务工作

小王进入"昌盛百货"从事知识产权法务工作，在十几年的工作中，小王见证了公司业务模式的发展变迁。在公司发展的第一阶段，其主营模式是自销，即公司自己采购、自行销售。在第二阶段，公司把部分柜台出租给外部厂家，商场仅仅作为经营管理人对商铺进行管理。到了第三阶段，昌盛百货还培育了自有商品品牌，委托外部企业生产某类商品，再冠以"昌盛"商标销售到其他地区。近年来，昌盛百货进入二次创业，建成 B2C 电子商务平台"昌盛网"，成为网上交易平台提供商。小王晋升为昌盛网知识产权总监。昌盛网受到广大消费者追捧，但

假冒伪劣亦相伴出现,很多商标权利人开始给昌盛网发出律师函,要求删除相关商品链接。请问:不同阶段的法律风险及防范办法、工作重点是什么?

本案例为一个综合案例,动态刻画了不同类型商业企业在不同发展阶段的知识产权法律风险及管理重点,是一个知识产权法律与管理高度融合的案例。面对实践中不同类型的企业以及企业不同的发展阶段,一方面既需要掌握丰富的知识产权法律知识,如直接侵权与间接侵权的区分、对网络平台间接侵权责任的认定等;另一方面,更需要系统的知识产权管理思维,需要结合外部市场环境、政策、企业整体的知识产权策略、企业内部的组织运营结构等各要素综合制定策略,并不断检验优化,而这正是在纯粹的法学教育中易忽略之处。教学中通过对此类案例的训练讨论,有助于对学生系统思维的训练。

这两个分别来自著作权管理、商标管理及平台治理的综合案例,体现了知识产权管理与知识产权法律传统的关系,可谓是在知识产权法基础上的"继续说","进一步说"。二者相得益彰,逐层递进,从中可以感受到法律与管理的区别,知识产权管理的复杂性和艺术性,经过此类案例的深入剖析,学生学到的知识产权法知识、管理知识在实践中交汇,对学生的理解及运用能力有显著的提升。此类案例仅是抛砖引玉,相信通过大量来自实践的知识产权法务管理与知识产权战略管理案例,通过类似综合案例的深入解读,学生可以体会到知识产权法律与管理在实务中的重要性、具体轮廓及工作侧重点,能有效增强同学知识产权悟性及实战能力,促进知识产权法律知识与管理知识的融合与互通。

四、知识产权法学与管理深度融合的教育路径与具体建议

(一)促进二者深度融合的教育路径

1. 复合类课程的新设与优化

知识产权法律与管理教学深度融合的目的在于复合培养,而复合培养离不开复合课程的设置。我国各知识产权学院现有复合类课程普遍偏少,局限在知识产权管理、专利战略等知识产权法与管理复合课程。为此,需要新开一些复合类课程,在增加数量的过程中,要重视各个课程之间的关系,逻辑层次之间的合理性。如有可能应对新设的复合类课程进行规划与评价,在评价的基础上进行合理取舍。

2. 课堂教学中推进法商复合培养理念

注重在专业教学方面的一些经验的梳理和归纳,有意识地提升这方面的教学分量和教学效果。特别知识产权管理课程类教师,应该有意识主动地在课堂建设、教学中开展学生知识产权应用综合能力的培养与教学,如MBA化教学模式创新等,转变以教师、课本为中心为以学生为中心的教学模式,突出问题导向、实践导向,增强同学的综合复合能力。

3.扎实推进案例教学

对来自实践的案例,或经专业教师改进、重建,展现给同学的是实际问题,富有启发性。通过案例教学,某种意义上是实践业务的"复盘",再现企事业单位所面临的艰难选择与决策,通过个案讨论,启发以不同思路深度解读,对知识产权管理人才教育培养有积极作用。

4.重视知识产权法理、知识产权总论性质的归纳梳理

知识产权管理以"理"来管,知识产权经营管理过程中相关决策原则某种程度上和知识产权法理有异曲同工之妙。然而现有知识产权法学教学中,重视法解释学,各种具体知识产权法的个性虽一直得到彰显,但其同为知识产权法的共性多受忽视和冷落。知识产权基本原理缺少归纳不利于学生的融会贯通,专利法、商标法、著作权法等虽然都挂名和汇聚于知识产权法之名目下,但并未有效整合,常给初学者以盲人摸象之感。各个领域的知识产权法,往往各自为政,相互分离,缺乏协调,整体上阐明知识产权法之原理,梳理知识产权法之体系对学生知识建构有积极意义。

5.以系统思维培养为抓手,增强相关通识课数量和质量,提升学生系统思维,弥合学科之间的间隙

系统科学属于横截面科学体系,其特有的知识体系致力于在更一般意义上探索世界规律及认知规律。系统思维、系统法学类课程可以有效促进学生从系统的角度去分析问题的能力,可以一定程度上打破学科界限,促进知识融合与贯通。如华东政法大学发挥项目团队多专业背景的优势,积极推进通识教育的普及和推广,增强通识课的含金量和实践性,以通识课打通复合培养的壁垒,增强复合培养的抓手与着力点。相关系统思维类通识课明显增强学生的研究兴趣和探索精神,促进复合培育的效果。华东政法大学近年来开展的知识产权系统法学的教学,系统科学方法通识类课程的教学,为促进二者深度融合发挥了积极作用。

6.探索以专业创新活动补充教学活动的辅助教学,增强法律运用及法治管理内容,拓宽学生视野和研究兴趣,增强专业涉入度

通过暑期实践,参加挑战杯、知行杯论文竞赛等多种专业性创新活动,增强学生实践法律运用及法治管理内容,以赛促学,以赛带学,为学科深度融合,增强学生的探索精神和能力,发挥理论联系实际的补充和引导作用。

(二)具体的经验与建议

1.学生角色的正确定位

知识产权专业学生未来就业分配中,少部分毕业生由政府机关和司法机关吸纳,大部分流向律所、企业法务等领域。因此,在当下知识产权教学中,我国大部分知识产权学院的知识产权教育应当着力培养未来的律师、咨询人员,尤其是企业的知识产权法务人员。有鉴于此,教学内容的设计和教学思路的推进,都应当从律师、咨询人员和法务人员的视角切入,让学生在大学教育阶段即进入这种角色化的知识熏陶和

思维训练，而不是长期以来的法学院教学定位中的研究者、立法者、执法者（包括法官、行政执法人员）的角色化训练。① 法学教材从法学原理、权利内容到法律适用的论述，普遍是围绕法学研究者、立法制定者和法律执行者的视角来呈现的。在知识产权经营管理的课程内容和教学思路上，需要克服传统的思维方式和教学进路，引导学生从经理人、律师、咨询人员和法务人员的视角，来认识和学习知识产权的经营管理。当然，这对教师的教育背景有一定要求。通常来说，受限于教育背景和实践经验，部分老师可能在教学过程中无法摆脱传统思维的影响。为此，需要教师角色的一定转换，如通过各种渠道与知识产权实务界的人士交流信息，加深对知识产权经营与管理的理解等。

2.避免灌输过度抽象管理理论内容，而忽略具体策略技巧

在教学过程中，既要系统、深入学习知识产权经营管理理论，也要传授给学生具体策略和具体技巧，如经营管理思路、策略和技巧。这里面二者比重问题需要平衡与协调。有关知识产权经营管理的概念、类型、特征、功能、意义、背景、体系之类的理论问题应该占比相对较少，否则将与真正能为学生所运用的具体思路、策略和技巧相冲突。考虑到知识产权经营管理是一门面向实务操作的课程，学习这门课程的主要意义不在于了解这些管理理论，而在于了解如何透过知识产权，实现经营管理的目的，尤其是通过这门课程的学习，获得知识产权实务运作的思维训练。管理理论的内容在知识产权经营管理这门课程中，应当适度展开，但不适于作为课程重点和主体内容。就知识产权经营管理而言，概括和提炼出一个相对完整的知识产权经营策略方案、风险预防体系和经营管理流程，更为有效，意义更大。

3.以经典非诉业务为突破口，培育关键情景应对能力

设计知识产权战略咨询、尽职调查等非诉业务，师生共同涉入非诉业务演练与操作。通过该类业务角色涉入，应用与分析方法的学习，促进熟练掌握适应情景的专门技能与方法。这类业务亦能倒逼学生理论涉入，主动学习，理念更新，主动培养通用分析技能与方法。在非诉业务演练中，师生共同面对实践问题，共同演练，在实践中不断提升。

4.增强方法技能的培训，促进形成运用管理和法律的正反馈机制

固然法学学习需要法教义的精神，但具体的法律技能、法律思维和方法是增加学生深入研习法律的正反馈机制。根据实践中常见问题开发的应对能力可有效提升学生的相关技能，有利于形成正向反馈，激励同学对两个领域进行深度融合的思考。

5.具体实施层面，增加资金投入，增强知识产权管理类师资力量配备

各高校知识产权专业知识产权管理教师普遍人数少，远远不能满足法商复合培

---

① 袁真富：《知识产权教育法学传统与管理思维》，载陶鑫良等：《中国知识产权人才培养研究》，上海大学出版社2016年版

养需要,甚至连基本的知识产权管理课程人数都远远不够。为此需要相应准备教师储备等前瞻性布局。在知识产权管理科研及知识产权管理社会服务方面,如果需要形成规模、上档次,没有一定的资金保障很难实施。

结语与讨论

现有知识产权教育中存在知识产权法与知识产权管理教学割裂现象,不利于学生知识结构优化。专门学习单科性的内容,对于个人无可厚非,但总体教学设计方面,如仅仅突出某一方面,而忽视另外一方面,可能失之偏颇。如忽视知识产权管理教学,不利于学生知识体系的完备,凸显专门教育不足,割裂了知识产权法与商业、法与管理的天然联系,不符合宽口径、厚基础的人才培养规律,不利于适应现代竞争社会企业社会实践需要。这是当下现有高校知识产权专业培养的不足,其结果为学生获得感不足,正反馈弱,学习动力不足。宏观层面,不利于良性制度的建立与完善。如长期割裂,必然导致学生知识体系不完美,脱离现实。如何在教学层面开展探索,提升知识产权法律与管理深度融合仍然是需要积极实践与研究的课题。笔者经过多年知识产权管理教学实践,深感二者融合的必要性,尝试探索二者融合的领域与优化策略。文中两个教学案例,并非本领域最佳教学案例,仅抛砖引玉,寄希望于同行能共同探讨知识产权法商、法管结合之路,促进我国知识产权复合型人才培养事业更健康繁荣。

专利授权标准提高对高校专利转化的影响机制研究
——基于2008年《专利法》第三次修订*

曹兆铿　洪韵蕾**

摘　要：国家科技创新能力深刻影响着社会经济发展水平，也是未来决定综合国力的重要因素，而高校作为国家科技创新体系中必不可少的一环，拥有大量优秀人才和良好科研资源。但目前我国高校的科技成果转化率普遍偏低，远不及发达国家的转化水平，其中由专利授权标准导致的专利质量问题是一个重要原因。基于此，本文将收集我国高校专利转让的相关数据，建立模型并进行回归分析探究2008年《专利法》第三次修订中专利授权标准的提高是否对高校专利转让有显著影响，并通过东部、中部和西部的地区分类进行分组回归，以验证上述影响的区域异质性。

关键词：高校专利；专利转化；授权标准；专利质量

Research on the Influence Mechanism of the Improvement of Patent Licensing Standards on Patent Conversion in Universities: Based on the Third Revision of the Patent Law in 2008
Cao zhaokeng　Hong Yunlei

Abstract：The national scientific and technological innovation ability has a profound impact on the level of social and economic development, and is also an important factor to determine the comprehensive national strength in the future. As an indispensable part of the national scientific and technological innovation system, universities and colleges have a large number of outstanding talents and good scientific research resources. However, at present, the conversion rate of scientific and technological achievements in Chinese universities is generally low, far less than that in developed countries, and the patent quality problem caused by patent licen-

---

* 基金项目：国家自然科学基金青年项目"专利质量治理政策体系研究"（编号：71904163）。
** 曹兆铿，男，天马微电子股份有限公司知识产权部总监；洪韵蕾，女，厦门大学知识产权研究院，法律硕士。

sing standards is an important reason. Based on this, this paper will collect relevant data of patent transfer in Chinese universities, establish a model and conduct regression analysis to explore whether the improvement of patent authorization standards in the third amendment of the Patent Law in 2008 has a significant impact on patent transfer in universities, and perform grouping regression through regional classification in eastern, central and western regions to verify the regional heterogeneity of the above impacts.

Key Words: university patent; patent transformation; authorization standard; patent quality

引 言

作为国家创新驱动发展战略的重要工作,科技成果转化一直受到社会各界的广泛关注。高校作为科技创新的主力军,拥有大量优秀人才和充足科研资源,不仅是创造与传播知识的场所,也是产出科技成果的重要主体。近年来,我国高校的专利申请数量和授权数量持续增长,奠定了我国"专利大国"的国际地位。

我国高校专利申请数虽然得到了飞速提升,数量已经超越美国和其他创新型国家,但其质量并未得到显著提升。与此同时,我国高校的专利转让现状并不理想,高校投入大量资源产出的科技成果"闲置"现象十分严重,未能发挥其应有的社会效益和经济效益。因此,如何有效推动高校专利转让成为我国建设创新型国家的当务之急。根据国家知识产权局的调查结果,41.3%的被统计高校认为在专利转化过程中遇到的最大障碍是"专利技术水平较低"[1]。而"专利技术水平较低"实际上就是专利质量较低,可见专利质量与专利转化情况有着较为密切的关系。

我国2008年《专利法》第三次修订将"新颖性"的判定标准由此前的"相对新颖性"提升为"绝对新颖性",将现有技术的囊括范围扩大到全球。基于"绝对新颖性"的要求,一项技术想要获得专利权,申请人不能通过简单地移植国外已有技术到国内申请专利权,因此,获得授权的专利质量将得到提升。基于此,本文将收集我国31个省、自治区、直辖市2004年至2019年高校专利转让的相关数据,建立模型并进行回归分析探究2008年《专利法》第三次修订中专利授权标准的提高是否对高校专利转让有显著影响,并通过东部、中部和西部的地区分类进行分组回归,以验证上述影响的区域异质性。

---

[1] 国家知识产权局战略规划司、国家知识产权局知识产权发展研究中心编写:《2020年中国专利调查报告》,第58页。

一、理论基础与研究假设

专利授权程序是指专利行政部门根据相关法律规定，对于一项申请认定的科技成果进行综合考察，最终确定授予其申请人专利权的行为。授权程序是高校科技成果进行转化应用的基础。得到了授权的科技成果表明其通过了国家的认可，具有科研价值和社会经济效益，赋予了科技成果发明人以具有保障的法律地位，进而可以开展下一步的交易。专利授权标准高低会决定科技成果能否获得专利保护，进而影响科技成果在技术转移市场上的推广与开展。邓恒、王含认为低质量专利伴随的权利不确定性是企业进行知识产权交易的重要顾虑，且低质量专利泛滥导致企业难以筛选出有市场前景的专利，导致高校投入大量科技资源产出的成果白白浪费。[1] 如果专利授权门槛太低，可能导致专利申请泛滥，大量质量不高的专利充斥市场，造成资源的极大浪费；反之，如果专利授权门槛太高，也可能抑制高校及科研人员的研发热情。

2008 年《专利法》第三次修订中，将"新颖性"的判定标准由此前的"相对新颖性"提升为"绝对新颖性"，将现有技术的囊括范围扩大到全球。从宏观视角来看，这一变化符合国家专利战略的发展需要，也是我国建设创新型国家的重要任务。这次修订中专利授权标准的变化，也体现了我国将由"求量"到"求质"转变的发展思路，为切实提升我国的科技创新能力提供制度基础。[2] 从微观视角来看，提高专利授权门槛后，专利审查的工作量加大，因此专利获得授权的时间会延长，加之获得专利授权不如以往容易，可能会在一定程度上影响高校和企业等申请专利的积极性，从而导致专利申请总数和授权总数的一定下滑，这是提高专利授权标准必然要经历的"阵痛"。[3]

与此同时，由于抬高了授权门槛，获得授权的专利质量将得到提升。因为一项技术想要获得专利权就必须具备更高的新颖性，申请人不能通过简单地移植国外已有技术到国内申请专利权。因此，高校科研人员在开题立项时就需要全面了解该技术领域在全球的发展现状，选择有研究价值的新方向，将有限的科技资源集中到有意义的研究中，这就在一定程度上保证了产出的专利质量，从而提升了专利转化应用的可能。且如果一项技术成果能够在中国获得专利权，也将可能在其他国家或地区得到专利保护，"绝对新颖性"的标准有助于一项技术成果走向世界。此

---

[1] 邓恒、王含：《高校科技成果转化的现实困境及解决路径——基于专利质量的实证分析与考察》，载《中国高校科技》2021 年第 1 期。

[2] 马宁：《从〈专利法〉三次修改谈中国专利立法价值趋向的变化》，载《知识产权》2009 年第 5 期。

[3] 邵培樟：《专利法第三次修改对专利受理与授权影响的实证研究》，载《电子知识产权》2018 年第 12 期。

外,专利授权门槛的提高也将引起技术转移市场上的"优胜劣汰",倒逼《专利法》第三次修订前获得授权的专利权人优化自己的技术方案,以获得市场的青睐。总而言之,提高专利授权标准有利于专利质量的全面提升,也有助于企业从中寻求符合自己发展需求、具有更高技术价值的专利,从而促成科技成果交易。

基于以上理论分析,本文提出了五个有待检验的假设:

H1:专利授权标准提高对高校专利申请数存在负向影响。

H2:专利授权标准提高对高校专利授权数存在负向影响。

H3:专利授权标准提高对高校专利转让数存在正向影响。

H4:专利授权标准提高对高校专利转让总金额存在正向影响。

H5:专利授权标准提高对高校专利转让单价存在正向影响。

二、研究设计

(一) 变量选取

本文选取了中国 31 个省、自治区、直辖市 2004 年至 2019 年的高校专利转化相关数据,以高校专利申请数(NPA)、高校专利授权数(NPG)、高校专利转让数(NPS)、高校专利转让总金额(SPS)、高校专利转让平均单价(PPS)作为被解释变量,表征高校专利产出及转让水平。

本文考察 2008 年《专利法》修订对高校专利转让的影响,将专利授权标准提高这个制度因素作为解释变量,研究制度变化对高校专利转让水平的影响,用 Y 表示制度改革效应虚拟变量。

本文选取不同地区高校的科技资源投入以及经济发展水平作为控制变量。

科技资源投入是高校专利产出和转化的基础。任何一项科学研究都离不开经费支持,特别是专利转让的最后两步,也是最关键两步——中试和推广,需要消耗大量的经费。因此,只有充足的经费才能保障专利的顺利转让。在资金到位的前提下,研究人员的投入情况会直接影响专利产出和转化的效果。由于对研究人员的科研能力进行量化统计比较困难,因此本文选取高校 R&D 经费支出(FUN)和高校 R&D 人员全时当量(LAB)分别作为科技资金及人力投入的指标。

经济发展水平也是影响高校专利产出及转化的重要外部因素。受自然和政策等方面的影响,我国各区域之间的经济社会发展水平不同,尤其东部地区和中西部地区之间的差异较大,不同的经济发展水平下市场环境会存在一些差异。经济发达地区可能在高校科研水平、市场需求规模、知识产权运营能力上具有优势,因此专利转让活动开展可能较为活跃。[1] 地区产业结构越合理，企业对技术的需求量就会越大，对技术的吸收、应用能力也会越强，越有利于进行专利的商业化。[2] 因此，本文选取地区生产总值（GDP）和第三产业产值比重（IND）作为地区经济发展水平的指标。

（二）数据来源和描述性统计

1. 数据来源

构建模型的数据来源为2005—2020年《高等学校科技统计资料汇编》及《中国统计年鉴》，样本期为2004—2019年我国31个省、自治区、直辖区的年度数据。借助stata 16.0软件进行面板数据回归分析并进行统计量显著性的相关检验，试图分析2008年《专利法》第三次修订中提高专利授权标准对高校专利转让是否存在影响，以及制度变化对高校专利转让的影响方向、影响程度大小。

2. 描述性统计

本文先对各变量进行描述性统计，从中掌握了各变量基本情况，如表1所示。

表1　变量的描述性统计

变量名称	均值	标准差	最小值	最大值	样本量
专利申请数	4118.738	6163.127	0	47824	496
专利授权数	2456.325	3728.391	0	27989	496
专利出售数	99.740	269.613	0	4124	496
专利出售总金额	43763.589	119020.115	0	1415140	496
专利出售平均单价	450.884	967.363	0	14011.287	496
R&D内部经费支出	2973560.071	3888116.757	9286	29655729	496
R&D人员全时当量	7141.688	6353.615	8	60492	496
地区生产总值	17489.404	17371.895	211.540	107671.070	496
第三产业产值占比	0.436	0.949	0.286	0.835	496

（三）模型构建

本文通过建立多元回归分析模型，来检验我国2008年《专利法》第三次修订中专利授权标准的提高对高校专利转让的影响，且为了消除数据异方差，保证结果的可靠性，本文对所有数据变量都取对数。构建的基本模型如下：

模型1：$\ln NPA_{it} = c_1 + \alpha_1 Y + \eta \sum X_{it} + \varepsilon_{it}$

模型2：$\ln NPG_{it} = c_2 + \alpha_2 Y + \eta \sum X_{it} + \varepsilon_{it}$

---

[1] 梁树广：《高校科技成果转化效率的区域差异及其影响因素》，载《统计与决策》2018年第12期。

[2] 何彬、范硕：《中国大学科技成果转化效率演变与影响因素——基于Bootstrap-DEA方法和面板Tobit模型的分析》，载《科学学与科学技术管理》2013年第10期。

模型 3：$\ln NPS_{it} = c_3 + \alpha_3 Y + \eta \sum X_{it} + \varepsilon_{it}$

模型 4：$\ln SPS_{it} = c_4 + \alpha_4 Y_2 + \eta \sum X_{it} + \varepsilon_{it}$

模型 5：$\ln PPS_{it} = c_5 + \alpha_5 Y + \eta \sum X_{it} + \varepsilon_{it}$

其中，lnNPA 表示专利申请数的对数，lnNPG 表示专利授权数的对数，lnNPS 表示专利转让数的对数，lnSPS 表示专利转让总金额的对数，lnPPS 表示专利转让平均单价的对数。$i=1,2,3,\cdots,N$ 表示有 N 个省份；$t=1,2,3,\cdots,t$ 表示有 t 个省份，对应本文分别为 31 个省、自治区、直辖市和 16 个年份；c 为常数项；X 为一系列控制变量；ε_{it} 为随机扰动项。

解释变量 Y 为时间虚拟变量，表示 2008 年《专利法》修订的制度变化。其中需要说明的是，考虑到法律法规实施的滞后性，以及将当年改革前的月份也计入改革时期，因此当 $t \leqslant 2008$ 时，$Y=0$，反之 $Y=1$。

控制变量 X 表示的其他影响高校专利转让的因素，具体控制变量为：R&D 经费支出（单位：千元）、R&D 人员全时当量（单位：人年）、地区生产总值（单位：亿元）、第三产业产值占比。

样本存在显著的个体效应，所以选用固定效应模型或随机效应模型显然胜过 OLS 模型。本文的研究对象并非通过随机选择，所以理论上应当选用固定效应模型而非随机效应模型。可以通过 Hausman 检验来验证模型类型的选择假设，检验结果如表 2 所示。

表 2 Hausman 检验结果

模型	P 值	结论
1	0.0002	固定效应模型优于随机效应模型
2	0.0000	固定效应模型优于随机效应模型
3	0.0171	固定效应模型优于随机效应模型
4	0.0000	固定效应模型优于随机效应模型
5	0.0105	固定效应模型优于随机效应模型

Hausman 检验中，5 个模型的检验结果 P 值均小于 0.05，故拒绝原假设，认为应该采用固定效应模型，而非随机效应。因此，本研究采用固定效应模型探究专利制度变化对高校科技成果产出及转化的影响。

认为应当采用固定效应模型，而非随机效应模型。因此，本研究采用固定效应模型探究两次制度变化对高校专利产出及转让的实际影响。

三、实证研究结果

由于选取数据为面板数据，为了防止出现伪回归，在正式回归之前先通过 LLC、

ADF-Fisher、PP-Fisher 和 IPS 对各变量实施单位根检验,结论为全部数据都能通过任意三种检验方式,表明样本数据不存在单位根,具有平稳的序列性。

(一)基本回归结果

运用前述模型,全部采用固定效应模型回归分析,结果如表3所示。

表3 《专利法》第三次修订中专利授权标准的提高对高校专利转让效应检验结果

变量	lnNPA 模型1(FE)	lnNPG 模型2(FE)	lnNPS 模型3(FE)	lnSPS 模型4(FE)	lnPPS 模型5(FE)
Y	−0.082	−0.193**	0.503**	0.688*	0.199
	(0.069)	(0.079)	(0.160)	(0.255)	(0.217)
lnFUN	0.651***	0.620***	0.196	−0.304	−0.517*
	(0.083)	(0.098)	(0.204)	(0.325)	(0.276)
lnLAB	−0.236***	−0.160*	0.356*	0.803*	0.490*
	(0.075)	(0.089)	(0.194)	(0.310)	(0.264)
lnGDP	1.147***	1.465***	0.300	0.284	0.029
	(0.989)	(0.114)	(0.224)	(0.357)	(0.304)
lnIND	0.724***	1.237***	0.487	0.253	−0.350
	(0.209)	(0.241)	(0.478)	(0.762)	(0.649)
_cons	−10.161***	−13.412***	−5.274*	3.307	7.935**
	(0.854)	(0.988)	(1.999)	(3.182)	(2.713)
N	489	485	432	432	432

注:***、**、*分别表示通过1%、5%、10%的显著性水平,括号内汇报了标准误。

(二)分地区回归结果

如上文所述,我国东部和中西部地区在政治、经济、社会和文化等方面都有着很大的差异,直辖市作为我国特殊的行政单位,在行政体制和经济体制方面也有特别之处。不同地区的专利转让情况差距较大,科技成果转化的发展情况极其不平衡。经济较为发达的东部沿海地区的专利转让率明显高于中部、西部地区,这意味着专利转让率可能与每个地区的经济发展水平有关。经济发展水平高的省份,拥有更多高校特别是理工科院校,且这些省份由于经济发达,对高校的科技资源投入也相应较多。除此以外,这一差异还可能与不同地区对专利转让的政策法规不同有关。经济发达的地区政府也积极出台了促进科技创新和专利转让的政策,在政策驱动下也形成了较为重视科技创新的产业氛围,这些都可能会提高当地高校开展专利转让活动的积极性。

因此,专利授权标准的提高对高校专利转让产生的效应在不同地区可能存在显著的差异。本文将全部样本,按照东部、中部和西部加以分类,研究不同地区制度变迁对该地区高校专利转让数的影响,得到分地区回归结果如表4所示。

表4 《专利法》第三次修订中专利授权标准的提高对分地区高校专利转让效应检验结果

	地区	Y	lnFUN	lnLAB	lnGDP	lnIND
东部地区	北京	0.083	−1.617	−0.081	2.966	−6.499
	天津	1.638***	4.476*	−1.904	−3.594*	1.520
	河北	1.028	3.486	0.585	−0.898	−6.163
	辽宁	−0.623**	0.340	0.979	0.914	−1.495
	上海	0.845**	1.202	−0.005	−0.546	−0.379
	江苏	0.339	1.603	0.050	−0.785	3.537
	浙江	1.135*	0.696	1.193	−3.286	6.996
	福建	2.573***	0.917	0.465	−1.427	10.282
	山东	−1.138	1.323**	0.996	−0.524	−3.876*
	广东	2.256***	−0.444	0.881	−1.013	2.687
中部地区	山西	0.500	2.163	0.291	0.120	−0.602
	吉林	0.818	1.883	−2.167	−1.279	−0.668
	黑龙江	−0.188	1.759	0.273	1.077	−1.514
	安徽	1.388**	−0.338	−1.563	2.024	5.955**
	江西	3.210	0.314	−2.780	−2.166	22.759*
	河南	0.875	3.719*	−0.102	−4.768*	4.157*
	湖北	−0.292	−0.234	−0.709	0.544	2.434
	湖南	1.457	−1.184	2.410	−0.635	3.287
	广西	−0.006	1.420*	2.993***	−0.647	−5.787**
西部地区	四川	−0.291	0.077	0.418	1.184	0.274
	重庆	0.305	0.520	−0.717	0.317	−1.430
	贵州	−0.821	−0.876	4.271***	0.005	−0.216
	云南	−1.341	1.828	−0.239	−0.696	−2.698
	陕西	0.551	1.153	−0.136	0.360	2.147
	甘肃	−2.254	3.027	0.011	0.214	−3.308
	宁夏	−1.948	0.925	−0.515	0.604	3.842
	新疆	0	3.937	−2.916	−1.579	−1.287
	内蒙古	1.240	−2.162	1.100	0.001	9.491

注：***、**、*分别表示通过1%、5%、10%的显著性水平；由于海南、青海、西藏部分数据缺失，并未在表中展示结果。

(三)实证结果分析

模型1的分析结果表明，2008年《专利法》修订影响高校专利申请数的回归系数为−0.113，但未通过显著性检验，假设H1不成立，即专利授权标准提高对高校专利申请数产生的影响不显著。

模型2的分析结果表明,2008年《专利法》修订影响高校专利授权数的回归系数为-0.228,且在1%的显著性水平下通过检验,假设H2成立,即专利授权标准提高对高校专利授权存在显著负向影响。

模型3的分析结果表明,2008年《专利法》修订影响高校专利转让数的回归系数为0.570,且在1%的显著性水平下通过检验,假设H3成立,即专利授权标准提高对高校专利转让数存在显著正向影响。

模型4的分析结果表明,2008年《专利法》修订影响高校专利转让总金额的回归系数为0.816,且在1%的显著性水平下通过检验,假设H4成立,即专利授权标准提高对高校专利转让总金额存在显著正向影响。

模型5的分析结果表明,2008年《专利法》修订影响高校专利转让平均单价的回归系数为0.266,但未通过显著性检验,假设H5不成立,即专利授权标准提高对提升高校专利转让单价产生的正向影响不显著。

结合对中国技术创新发展水平的判断可知,2008年《专利法》修订提高了专利授权标准,对高校专利申请数未产生显著负面影响。但对高校专利授权数产生了显著负面影响,其原因可能是即使提高了专利授权门槛,但高校科研人员完成科技成果后,依然可以很方便地递交专利申请,多数高校并不会对这些科技成果是否具备可专利性进行评估,且专利受理仅为简单的形式审查,只需要递交齐全材料即可受理,因此专利授权标准的提高并不会造成高校专利申请数明显下滑。但由于一些科研成果无法具备修订后的《专利法》规定的"绝对新颖性",因此高校获得授权的专利占申请总数的比例有了一定下降。但也正是由于专利授权门槛提高,使得获得授权的专利质量得到了一定程度的提升。在较高标准下获得授权的专利一定程度上代表着更高的技术含量和权利稳定性,这是企业进行技术交易过程中的重要考量因素。因此,这次修订对高校专利转让数及转让总金额均产生了显著的积极影响,高校专利转让工作开始活跃,表明专利授权标准是影响专利转让的重要制度因素,同时制度变迁的积极效应开始凸显。

然而,2008年的《专利法》修订对我国高校的专利转让平均单价都没有产生显著影响,说明我国高校专利的市场价值在这16年间的提升并不显著。究其原因,首先,可能是虽然授权标准的提高在一定程度上提高了专利质量,但由于高校对市场需求的了解仍较缺乏,且未建立校企长期合作交流的机制,高校产出的科研成果与市场需求匹配程度仍不高。其次,大多数高校科研成果未经评估定价,加之高校缺乏议价能力,阻碍了有价值的高校专利以更高、更合理的价格进行转让。

此外,高校R&D经费支出、R&D人员全时当量、地区生产总值以及第三产业产值比重对高校专利申请数及专利授权数均有显著影响,表明科技资源投入对高校专利产出有重要影响,且地区经济发展状况及产业结构也会较大程度地影响该地区高校的科技创新活动。但这几个因素对高校专利转让数、专利转让总金额及专利转让平均单价的影响总体不显著,表明加大科技资源投入以及加快地区经济发展水平虽然可以有效促进高校的科技研发活动,产出更多科研成果,但并不能有效提升该地区的高校专利转让水平。外部条件的优化不足以充分激发转化主体的内生动力,要有效促进高校的专利转让活动,可能需要依靠构建更完善的制度激励。

分地区来看,2008年《专利法》修订对我国东部地区高校的专利转让有较为显著的影响,而对中部地区和西部地区的影响都不太显著。究其原因,是东部地区和中西部地区对科技成果转化的重视程度存在较大差距。具体来说,首先,更多的东部省份、城市会根据法律政策的出台制定适应本地实际情况的细化规定。同时,部分政策在上升为国家政策前,会在部分发达地区开展试点,这在一定程度上也使东部发达地区具备更突出的制度环境优势,提高专利转让的效果。[①] 其次,东部地区拥有较显著的经济技术区位优势,专利转让的过程实质上是科技创新进行传播和应用的过程,而东部地区由于高校和科研院所分布较密集,科研活动更活跃,且区域内企业数量众多,对科技创新需求程度高、应用能力强。在这样的社会环境下,对专利转让相关法规政策的重视程度也就更高。因此,制度变迁对东部地区高校的影响要比中西部地区显著。

而无论是东部地区,还是中西部地区,R&D经费投入和人力投入对高校专利转让的影响都不太显著,在部分省份甚至对科技成果转化造成了负面影响,说明我国部分省份存在科技资源使用效率低下的情况。一般情况下,加大科技经费和人力投入会促进专利转让,但可能由于我国高校在研发过程中存在研发人员冗余、专业能力不高等问题,导致科技资源的加大投入并没有起到促进专利转让的初衷,反而造成了资源浪费。但在广西、贵州、甘肃等省份科技资源的加大投入对该地区高校专利转让表现出了较好的促进影响,原因可能是这些地区就沿海发达区域而言经济发展较为落后,专利研发和转化起步较晚,因此目前增加科技资源投入所带来的促进专利转让的影响较为显著。

此外,地区GDP对高校专利转让的影响不太显著,可知地区经济发达程度与专利转让状况无必然联系。经济发展水平高、科技创新能力强的地区可能会有更高的专利产出,但对专利转让的重视程度仍然不足。在多个省份,第三产业产值比重对高校专利转让有显著影响,说明产业分布情况与该地区产业吸收、利用技术的能力有较强关联,优化产业结构、加大第三产业扶持力度将有助于专利转让。在不断发展的社会经济背景下,还需依靠更完善的制度建构来激发高校及科研人员的

[①] 黄菁:《我国地方科技成果转化政策发展研究——基于239份政策文本的量化分析》,载《科技进步与对策》2014年第13期。

转化活力,提高科技成果转化为经济效益的能力,进一步促进地区的科技和经济发展。

四、政策建议

由上文的实证研究得出,2008年《专利法》第三次修订对高校专利授权量产生了显著的负面影响,这是我国提升专利门槛以提升技术创新能力所经历的"阵痛"。但实证研究也表明,提高专利授权标准对专利转化情况产生的显著积极影响,这是由于提高专利授权门槛以后,专利质量得到了提升,能更好地满足市场需求。由于目前我国的专利申请中,实用新型占比远高于发明。而实用新型由于未经实质审查,质量普遍不高。因此本文认为,可以改进实用新型审查制度,以进一步提升我国的专利质量,促进科技成果转化率提高。

首先,可以提高实用新型的申请质量。由于目前我国具备相应资质的专利代理师队伍日益壮大,可尝试将实用新型专利申请与专利代理师挂钩,规定实用新型申请文件必须由通过专利代理师资格考试的专业人士进行撰写。专利代理师可以及时发现本身不具备新颖性、创造性的实用新型申请从而不予撰写;对于本身具备新颖性、创造性的实用新型申请,专利代理师的撰写也可以提高申请文件的质量,突出技术重点,明确保护范围。高质量的专利申请文件也有助于明确权利保护范围、提升权利稳定性,有利于后续的市场交易。

其次,可以提高实用新型的授权标准。而鉴于目前我国实用新型申请量巨大,且审查队伍面临短缺的现实状况,如果对实用新型提高授权标准,可能由于审查资源不足而造成审查效率降低。因此根据这种情况,可以尝试建立实用新型形式审查加自愿实质审查的模式,对于经过了形式审查程序的实用新型申请人可获得专利权,并可以自愿选择是否进行实质审查,如果通过实质审查,可以获得适度延长的专利保护期限。这样的模式可以激励实用新型申请人通过提高专利质量以得到更长时间的权利保护,从而获取更多利益。

最后,可以借鉴日本和韩国的现有技术检索外包制度[①],由接收专利申请的国家知识产权局将专利申请分类、现有技术检索等工作外包给专业机构,同时建立专业机构的评价机制,促进外包机构不断提升服务质量;抑或借鉴美国模式,建立社会专业人士或企业技术专家共同参与专利审查的渠道,丰富审查资源,让企业得以在第一时间了解高校研发成果,倘若有技术需求就可以及时与高校进行联络后续的商业化事宜,从而促进科技成果的转化。

---

① 徐林森:《各国实用新型专利申请审查制度比较研究》,载《中国发明与专利》2015年第5期。

综艺节目模式引进中的"版权"误区及应对*

张军荣　张苡萱**

摘　要：我国近年来引进国外综艺节目的模式的实践不断深化，也带来了对节目模式版权问题的讨论和争议。我国著作权法并未将节目模式纳入保护范围，地方法院在司法实践中也明确了综艺节目模式不受著作权法保护，然而社会大众对节目模式的引进仍存在误解，认为节目模式的引进属于"版权"引进。本文梳理了我国立法和司法实践中对综艺节目模式"版权"问题的态度，分析了引发社会大众误解的原因，继而从司法解释层面提出了引导公众和司法实践正确对待综艺节目模式的建议。

关键词：节目模式；版权引进；风险规避；法律预期

Copyright Doubts in the Introduction of Variety Show Mode
Zhang Junrong　Zhang Yihuan

Abstract：The practice of introducing the model of foreign variety shows in recent years has been deepening, and it has also brought about discussion and controversy about the copyright issue of program mode. China's copyright law does not include the program mode in the scope of protection. The local courts have also made clear in the judicial practice that the variety show mode is not protected by the copyright law. However, the introduction of the program mode is still misunderstood by the public. This paper sorts out the attitudes of the legislation and judicial practice on the "copyright" problem of variety show mode, analyzes the reasons that cause the public to misunderstand, and then puts forward suggestions from the judicial interpretation level to guide the public and judicial practice to correctly treat the variety show mode.

Key Words：program mode；copyright introduction；risk aversion；legal expectation

---

* 基金项目：国家自然科学基金青年项目"产权结构对高校专利转化绩效的影响研究"（编号：72004238）。

** 张军荣，男，中南民族大学法学院副教授；张苡萱，女，中南民族大学法学院法律硕士。

目前，国内"版权"引进类综艺节目的发展较为快速，在大量吸引观众注意力的同时，各大电视台也利用这种方式创造了收视奇迹，使得引进国外综艺节目"版权"的潮流不断继续。国内一些综艺节目制作团队，为了使节目获得更高收视率，不惜花重金从国外引进综艺节目模式的"版权"。我国在引进海外综艺节目模式时花费巨大，每年在节目模式海外引进上的花费远超过2亿元。① 一些国际模式制作公司将节目创意模式化，将节目模式进行固定化和商业化，并通过所谓的"版权"合约将国内的节目生产者卷入节目模式商品链的下游，相关市场收益被国际资本所掌控，同时也在一定程度上破坏了节目作为文化公共品的属性。②

我国著作权法并未明文规定保护综艺节目模式，有学者呼吁为电视节目版权制定相应的法律，也有学者从《反不正当竞争法》《商标法》等相邻法律中为综艺节目模式的保护寻找出路。③④ 然而，综艺节目模式是否应当享有"版权"，相关市场主体应当如何进行决策值得我们进行思考和研究，进而应当通过立法和司法层面的回应来对这一问题进行回答。本文从综艺节目模式的法律地位、公众认知等层面展开剖析，为综艺类节目模式的引进提供指引。

一、综艺节目模式保护的立法和司法现状

我国《著作权法》对作品进行了法定的归类，在其规定的文字作品、口述作品等九类作品中并没有列出节目模式这一类，节目模式也无法直接归入其中任何一类。纵观我国其他法律法规，也没有一部法律有明确保护电视节目模板的条款。节目模式的"版权"保护在立法上是空白的。不能想当然地从节目模式交易的实践中反推出节目模式当然地受著作权法保护，甚至不能直接断定节目模式受法律保护。

在北京世熙传媒公司诉北京搜狐公司一案中，原告公司为保护自己节目模式的"版权"曾多次向法院起诉，但最终北京海淀区法院以节目的构思、创意本身并不属于著作权法规定的作品保护范围，驳回了该公司要求经济赔偿的主张。⑤ 该例案件显示了在司法实践中法院对国内综艺节目模式"版权"的态度。如果说本案的裁判尚属个案，那么北京市高级人民法院出台的规范性文件则在更加普遍的意义上对节目模式是否受著作权法保护进行了解答。

---

① 《中国每年花费超2亿元引进海外综艺节目》，https://www.thepaper.cn/newsDetail_forward_1287720，下载日期：2024年10月8日。
② 张韵：《电视版权引进的商品化逻辑与公共品博弈》，载《安徽师范大学学报（人文社会科学版）》2018年第5期。
③ 刘畅：《电视节目模式版权的法律保护》，载《当代电视》2015年第9期。
④ 黄世席：《电视节目模式法律保护之比较研究》，载《政治与法律》2011年第1期。
⑤ 王俏：《综艺节目版权的保护"由虚到实"》，载《人民法院报》2015年5月11日。

由于近年来涉及综艺节目的"版权"纠纷不断增多，2015年北京市高级人民法院发布了《关于审理涉及综艺节目著作权纠纷案件若干问题的解答》（以下简称《解答》），对综艺节目性质的认定、综艺节目中各项权利的行使等问题进行了规定，特别是从正面直接回答了综艺节目模式是否受到法律保护。《解答》中称："综艺节目模式是综艺节目创意、流程、规则、技术规定、主持风格等多种元素的综合体。综艺节目模式属于思想的，不受《著作权法》的保护。综艺节目中的节目文字脚本、舞美设计、音乐等构成作品的，可以受《著作权法》的保护。"

考察国外对综艺节目模式立法和司法的态度，可以发现无论是封闭式的立法模式，还是开放式的立法模式，大多数国家对节目模式的可版权性均持否定态度。在封闭式的立法模式下，各国法律对作品客体进行分类和列举，与节目模式最接近的当数文字作品和戏剧作品，可是在1989年的格林诉新西兰广播公司（Green 诉 Broadcasting Corporation of Newzealand）案中，原告对 *Opportunity Knocks* 的节目模板寻求版权保护，但最终新西兰法院裁决认为节目脚本可构成文字作品进行保护，但电视节目模板并不属于版权保护的文字作品或者戏剧作品，因而不受版权法保护。[①] 在开放式的立法模式下，以美国为例，其版权法并未对作品进行法定的归类，在判断是否侵权时，主要采用实质性相似要件进行判断，其对节目模式是否受版权法保护并未直接进行回答。总体来说，大陆法系国家多采取坚决反对的立法措施，英美法系国家的判例法传统使得节目模式保护模棱两可。但值得注意的是，以巴西、荷兰为代表的个别国家，已经采取了"直接保护"的措施，赋予电视节目模式以独立形式的著作权。[②] 但基于著作权地域性的限制，即便是在巴西、荷兰受保护的节目模式，在中国并不能自然获得延伸保护。

二、综艺节目模式的"版权"认知误区及原因

大众和相关决策者对综艺节目模式的认知存在误区，认为对节目模式的引进也属于版权引进。甚至有的媒体从业者和研究者也认为节目模式具有"可版权性"。[③] 究其原因，有以下几点：

（一）节目本身和著作权制度的复杂性

1. 节目模式与节目

综艺节目模式与综艺节目本身并不相同。美国作家协会曾在1960年的《影视

[①] 夏朝羡：《电视版式版权保护的困境——以国外典型判例为研究视角》，载《中国版权》2012年第4期。

[②] 刘承韪、吕冰心：《论电视节目模式的著作权法保护》，载《法学论坛》2018年第2期。

[③] 杨尚鸿、孙良斌：《电视节目模式再认识：可版权性、可交易性及与类型的关系》，载《中国电视》2015年第5期。

基本协议》中将节目模板定义为"一种书面的表达形式,在设定的连续剧或系列剧的框架下,每一集重复出现已设定的故事情节、主题、大纲以及具有显著性可识别的中心人物,包括角色的特定刻画以及角色之间的互动等"。该定义将节目模板的文字性描述等同于模板本身,显然是不可取的,其定义更接近于剧本纲要,受到学者的广泛质疑。北京高级人民法院的《解答》认为,综艺节目模式是综艺节目创意、流程、规则等多种元素的综合体。

综艺节目是给节目模式注入了血肉的完整的生命体,其中包括人物表演、后期剪辑等多种要素,不能将节目与节目模式混为一谈。另外,综艺节目中往往还会出现背景音乐、视频植入、诗词朗诵、背景图片等,这些相对独立的部分,又往往可以单独构成一件作品。而节目名称、节目标志和口号等要素还涉及商标法、反不正当竞争法等内容。有观点认为节目中的音乐、台词、节目名称、标识等也属于节目模式的内容,该观点失之偏颇,扩大了节目模式的内涵。①

2.思想与表达

著作权法本身具有高度的专业性。在国际上,著作权法奉行的"思想和表达二分法"原则,是确定创作对象是否受著作权法保护的重要标准。该原则的主要内容是,著作权法只保护表达方式,不保护思想。当作者的思想感情、对客观世界的认识、节目创意等思想层面上的东西不能借助一定的文字、符号,或采取一定的组织形式来表达时,一般不受著作权法保护。对于该原则,我国现行《著作权法》并未作出明确规定。但在司法实践中,该原则已经被广泛采用,且在《软件著作权保护条例》中得到了立法体现,对软件作品明确适用。②

3.节目模式的定性

相应的,综艺节目可分为受"版权"保护的部分和不受"版权"保护的部分。把综艺节目剖开来看,综艺节目模式仅仅是指节目的创意、进行的流程、规则等元素,并不包括综艺节目中穿插的背景音乐、舞美设计、文字脚本等。综艺节目模式在著作权法上是恰恰属于思想的部分而不受著作权法保护。综艺节目则属于我国《著作权法》中规定的电影作品和以类似摄制电影的办法创作的作品范畴或者录像制品的范畴,属于我国《著作权法》的保护对象。

因此,借鉴国外综艺节目模式、翻拍国外综艺节目,并未侵犯他人著作权,无须经过他人的许可,更无须支付任何费用。不经授权,直接引用、播放国外综艺节目片段或者整体才属于著作权侵权行为。但是对普通大众而言,往往可能产生误解。大多数观众甚至节目制作者会把背景音乐、舞美设计等划归在综艺节目模式中,从而当然

---

① 刘文杰、曹曼文:《电视节目模板的版权保护》,载《现代传播(中国传媒大学学报)》2011年第3期。

② 《计算机软件保护条例》第6条:"本条例对软件著作权的保护不延及开发软件所用的思想、处理过程、操作方法或者数学概念等。"

地认为综艺节目模式具有"版权"。其实不然,综艺节目中出现的背景音乐、舞美设计、文字编辑脚本等可以单独构成作品的,都各自受著作权法的保护。它们分别属于著作权法所规定的作品中的音乐作品、舞蹈作品、文字作品,需要使用该作品的都必须得到原作者或者集体管理组织的授权;否则,擅自使用即构成侵权。

(二)通过购买"版权"进行风险规避和商业宣传

由于节目本身和著作权制度的复杂性,导致节目模式"版权"引进的决策必须考虑侵权风险。制作团队在使用和借鉴既有的节目模式(而非节目中其他构成作品的部分)时,就必须权衡其使用的风险和收益,斥巨资购入国外综艺节目模式"版权"其实正是一种风险规避的行为。在综艺节目制作团队并不能完全肯定综艺节目模式在我国或者国际上是否受著作权法的保护的时候,他们就会权衡花钱买"版权"与不花钱直接运用的两种方案各自的收益和损失。如果没有提前购买节目模式的"版权",当模仿综艺节目模式拍摄的节目收视率节节攀升时,却收到了原节目制作方状告他们侵犯节目著作权的起诉书,那么制作团队或许需要支付更多的成本来解决这个问题,不仅如此还可能会造成其节目收视率的下降甚至停播。由此看来,在法律规定和导向不明确、大众认知混乱甚至错误的情况下,在节目开始之前就花钱购买"版权"可能是成本更低、经济效益更大、商业风险更低的理性行为。

购买节目模式"版权"还具有宣传价值。从商业的角度来看,能为节目冠上"引进国外某某节目版权"的名义,会赢得许多观看原版节目的观众的关注度,为节目制造一点话题,提高节目的收视率,获得更大的经济效益。从观众的心态上来分析,由于国内大多数综艺节目在播出时都已经声明,此节目购买了国外某某综艺节目的"版权",因此使得观众都当然地认为综艺节目模式是有"版权"的,需要购买国外节目版权后才能翻拍,否则就构成侵权。因此,观众在网络上讨论的话题大多数都是某综艺节目又抄袭了国外某综艺节目,某某综艺节目没有购买国外节目版权就直接翻拍,是侵权行为。从网络上的热门话题中就可以看出观众对这一问题的误解。这虽然与我国著作权法的规定并不一致,却使得节目模式购买方更容易站到道德的高地,并且具有良好的宣传价值。

(三)法律的预期作用失败

从法理学角度分析,产生这种社会大众对法律认识与法律实际想达到的效果不相符的原因是法律预期作用的失败。法律具有稳定性,可以给人们带来相对稳定的预期。在现实生活中,每个人在作出重要决策时都要预先依据法律估计自己或他人的行为及其后果,从而作出合理的行为规划和安排,忽视这种预测和估计往往会导致决策失败甚至违法。①

---

① 李锦辉:《无关道德的"老太太摔倒均衡"分析——从"彭宇"案到"佛山女童"事件的理性逻辑》,载《中国政法大学学报》2013年第5期。

由此看来,《著作权法》在综艺节目制作者作出是否购买节目模式版权的决策时并没有产生良好的指导作用和预测作用。社会大众也没有明确的认识,不确定其是否有版权,或者直接认定其受著作权法保护。此情况说明《著作权法》立法时设想法律应当或者可能发挥的预期作用与实际作用并不一致。因此,人们根据自己对《著作权法》的模糊甚至错误理解,作出了相应的花重金购买国外综艺节目版权的行为或随意评论某节目抄袭的行为。同时,这也表明《著作权法》没有达到其调整社会关系、给民众行为提供明确预期的功能。

三、综艺节目模式保护的路径选择

国外对"综艺节目模式"的保护也存在许多值得我们学习的先例:法国成立的第一个欧洲电视版式保护协会,设立了节目模式注册机制,节目模式的制作者提交能够说明模式细节的方案、脚本、大纲,从而进行注册得到获得该协会的保护。[①] 一旦发生对节目模式的抄袭、复制等情况,通过注册的节目便可以通过该协会获得"超版权"的保护。但是该组织只是一个协调各方纠纷的非官方的、具有法律局限的民间机构,对非会员企业并无约束力。

对我国而言,既然《著作权法》并不能给予"节目模式"直接的法律保护,对节目模式的保护只能在现有的法律框架下另寻出路,通过相邻法律来间接保护。[②] 利用《反不正当竞争法》中的"混淆行为"来对抗相似节目的制作者是一种可能的路径。如果节目的模仿者在宣传节目的过程中存在刻意混淆视听的行为,故意利用原节目的名声来为自己节目造势,达到足以让观众混淆的程度,制作方即可以通过《不正当竞争法》来追诉,从而维护自己的智力成果。同时,商标保护也是一种有效的保护方式,将有代表性的各种元素申请注册为商标,各种图形、图文结合、特别的开场音乐,都可以申请注册为《商标法》上的文字、图形、声音商标。甚至也有学者提出通过《著作权法》保护的建议:将综艺节目模式拆分为一个个独立的元素,如音乐、演讲、舞蹈等各个部分可以归类到不同的作品予以保护。但是这种方法也存在缺陷,即不能使综艺节目模式作为统一的整体得到保护。当然,制作人也可以综合利用上述途径进行保护。

四、结论与建议

按照《著作权法》的规定和著作权"思想表达二分法"基本理论可以推导出,综艺节目模式不受《著作权法》保护。北京高级人民法院发布的司法解释也印证了上述观

---

① 林丽臣:《关于电视节目版权之争的再讨论》,载《现代视听》2007年第6期。
② 邓薇:《综艺节目模式保护的法律规制》,载《传媒》2017年第4期。

点。但是由于著作权制度的专业性及综艺节目模式问题的复杂性等原因,著作权制度未能给综艺节目模式"版权"这一社会问题提供明确而有效的预期,未能实现法律应有的社会实效。综艺节目制作方以及观众对综艺节目模式是否享有"版权"这一问题仍然没有清晰的认识。

我国最高人民法院应发布司法解释,将北京高级人民法院《解答》的内容上升为具有全国效力的规范性文件,以此来引领社会大众的认知和观念。对综艺节目制作方而言,既然已经明确综艺节目模式在我国不受著作权法保护,若只考虑法律正当性因素,在此后翻拍国外综艺节目时也不需要花重金购买国外综艺节目模式的"版权"。只要制作单位在翻拍国外综艺节目时把握好度,只借鉴节目模式,不擅自引用节目中受著作权法保护的要素,如背景音乐、舞美设计、情节安排、场景布置等,就不需要付费,也不会因之而被判侵权。对节目模式的借用进行所谓的盗版、山寨、抄袭等方面的指摘在著作权法上并不成立。不过节目制作人可以通过协会自治的方式对节目模式进行"超版权"的保护,也可以利用反不正当竞争法、商标法等法律对节目模式进行侧面的保护。

但国内综艺节目制作团队若是想要使自己的节目质量更高,或是提高节目收视率,或是招商引资吸引广告商,而与国外综艺节目制作团队进行全面合作。通过付高额的费用来购买国外提高收视率的"宝典"、成功经验、未经播出的内容、剧本、拍摄脚本等诸多幕后信息,甚至直接邀请国外制作人亲自指导节目拍摄等行为则就应当另当别论了。

附 录

《中外知识产权评论》格式规范

（2014 年 11 月 1 日）

为统一来稿格式,特制订本规范。

一、书写格式

1.来稿由题目、作者姓名、摘要、关键词、英文题目、英文姓名、英文摘要和英文关键词、正文构成（依次按顺序）。

2.须提供作者简介{姓名、出生年份[如(1975—)]、工作单位、学历、职称、研究方向等}。作者简介,请以脚注方式(编号为星号的上标"*")注明。如若为基金项目或资助成果,请注明项目或课题的级别、正式名称和编号(用圆括号注明正式编号)。

3.正文各层次标示顺序按一、(一)、1、(1)、①、A、a 等编排。

二、字体、字号、行距等

论文中文题目采用三号黑体,中文摘要和关键词均采用五号宋体；正文部分统一采用小四号宋体,其中一级标题须加粗,其余各级标题无须加粗；英文均采用 Times new roman 字体,英文题目为三号,英文摘要和关键词用五号。

题目中若有副标题,副标题用四号仿宋,中文作者署名用小四号楷体。

除中英文题目须居中外,各级标题均无须居中。

行距：全文行距须统一,段前 0 行、段后 0 行、1.5 倍行距。

三、注释

无须单列"参考文献",注释中包括"参考文献",两者合二为一、混合编号,严格依照正文中出现的先后顺序来计码。

1.注释采用带圆圈的数字字符,如①(上标形式),采用页下计码制(脚注),每页重新记码。注释码一般置于标点符号之后。

2.引用中文著作、辞书、汇编等的注释格式为:

(1)刘志云:《当代国际法的发展:一种从国际关系理论视角的分析》,法律出版社2010年版,第12页。(注意:连续页码的注释法)

(2)王彩波主编:《西方政治思想史——从柏拉图到约翰·密尔》,中国社会科学出版社2004年版,第211、215、219页。(注意:非连续页码的注释法)

(3)姚梅镇:《国际投资法》(高等学校文科教材),武汉大学出版社1989年修订版,第×页。——不是初版的著作应注明"修订版"或"第2版"等。

(4)中国对外贸易经济合作部编:《国际投资条约汇编》,警官教育出版社1998年版,第8页。

(5)非连续引用同一本著作者,请列出所引用著作的详细要目。

3.引用中文译著的注释格式为:

(1)[美]詹姆斯·多尔蒂、小罗伯特·普法尔茨格拉夫:《争论中的国际关系理论》(第5版),阎学通、陈寒溪等译,世界知识出版社2003年版,第×页。

(2)联合国跨国公司与投资公司:《1995年世界投资报告》,储祥银等译,对外经济贸易大学出版社1996年版,第×页。

4.引用中文论文的注释格式为:

(1)陈安:《中国涉外仲裁监督机制评析》,载《中国社会科学》1995年第4期。

(2)白桂梅:《自决与分离》,载《中国国际法年刊》1996年卷,法律出版社1997年版,第51页。

(3)徐崇利:《美国不方便法院原则的建立与发展》,载董立坤主编:《国际法走向现代化》,上海社会科学院出版社1990年版,第×页。

(4)非连续引用同一篇文章者,请列出所引用文献的详细要目。

5.引用中译论文的注释格式为:

樱井雅夫:《欧美关于"国际经济法"概念的学说》,蔡美珍译,载《外国法学译丛》1987年第3期。

6.引用外文著作等注释格式为:

(1) I. Seidl-Hohenveldern, *International Economic Law*, 2nd ed., Martinus Nijhoff, 1992, p. 125.(注意:书名为斜体)

(2) Chia-Jui Cheng (ed.), *Clive M. Schmittoff's Select Essays on International Trade Law*, Kluwer, 1998, pp.138-190. [注意:编著应以"(ed.)"标出,外文注释的页码连接号为"-"]

(3)前后连续引用同一本著作者,用"*Id.*, p.3."

《中外知识产权评论》编辑部